Neue Strategien
gegen Legasthenie

Dr. Dipl.-Psych. Petra Küspert

Neue Strategien gegen Legasthenie

Lese- und Rechtschreib-Schwäche:
Erkennen, Vorbeugen, Behandeln

OBERSTEBRINK
ELTERN-BIBLIOTHEK

Die Oberstebrink Eltern-Bibliothek

Die Oberstebrink Eltern-Bibliothek bietet Lösungen für die wichtigsten Eltern-Probleme und gibt Antworten auf die häufigsten Eltern-Fragen. Von Experten, die in ihrem Fachgebiet auf dem neuesten Wissensstand sind und in ihrer Praxis täglich Eltern beraten und Kinder behandeln. Die Bücher der Oberstebrink Eltern-Bibliothek werden von Kinderärzten, Hebammen, ErzieherInnen, LehrerInnen und Familien-TherapeutInnen laufend eingesetzt und empfohlen. Eltern schätzen diese Ratgeber besonders, weil sie leicht verständlich sind und sich alle Ratschläge einfach und erfolgreich in die Tat umsetzen lassen. Eine Übersicht über alle Bücher finden Sie auf den letzten Seiten dieses Buches.

3. Auflage, 2005
© by Oberstebrink Verlag GmbH
Alle Rechte vorbehalten

Fotos:	Mauritius, T. Harpeng, Privat
Illustrationen:	E. Wachsmuth
Gestaltung:	Oberstebrink
Satz und Herstellung:	Klare Medien GmbH
	Printed in Slovenia 2005
Verlag:	Oberstebrink Verlag GmbH
	Bahnstr. 44, 40878 Ratingen
	Tel. 0 21 02 / 771 770-0, Fax 0 21 02 / 771 770-21
	e-mail: verlag@oberstebrink.de
	www.oberstebrink.de

ISBN:	3-934333-12-5

Liebe Eltern

Die Lese-Rechtschreib-Schwäche (Legasthenie) stellt für Eltern, ErzieherInnen – und natürlich für die betroffenen Kinder – ein immenses Problem dar. Weil Legastheniker eigentlich normal bis gut begabte Schüler sind, fällt es ihnen und ihrer Umwelt schwer, plausible Gründe für das Versagen gerade im Bereich des Lesens und Rechtschreibens zu finden. Die Konsequenzen für die weitere Schullaufbahn sind meist beträchtlich, weil es den Schülern in der Regel nicht gelingt, weiterführende Schulen zu besuchen und damit Bildungsziele zu verwirklichen, die aufgrund ihrer allgemeinen Begabung angemessen erscheinen. Einbußen im Selbstbild und allgemeine schulische Motivationsprobleme sind häufig die Folge und mögen auch zum Teil erklären, dass Fördermaßnahmen bei Legasthenikern im fortgeschrittenen Schulalter relativ wenig Erfolg bringen.

Besteht angesichts dieser düsteren Situationsbeschreibung Anlass zur Resignation? Diese Frage lässt sich inzwischen leicht verneinen. Die einschlägige Forschung der letzten beiden Jahrzehnte hat Hinweise dafür gebracht, dass den betroffenen Kindern dann geholfen werden kann, wenn ihre Schwächen im sprachlichen Bereich frühzeitig erkannt werden. Dieses Buch gibt eine ausgezeichnete Einführung in die Fortschritte der neueren Lese-Rechtschreib-Forschung und vermittelt auch den nicht speziell vorgebildeten Eltern, ErzieherInnen und LehrerInnen einen guten Eindruck davon, was wir heute über das Lesen- und Schreibenlernen und bestimmte Störungsbilder wissen.

Frau Dr. Küspert führt den Leser mit konkreten und typischen Fallbeispielen in die Problematik ein. Das Buch stellt alle derzeit in der Wissenschaft als relevant diskutierten Themenbereiche ausführlich und kompetent dar.

Die Verfasserin ist in meinen Augen wie kaum jemand anderes dazu geeignet, ein solches Buch zu schreiben. Sie arbeitet seit Jahren an wissenschaftlichen Projekten zur frühen Förderung von Risikokindern im Hinblick auf das Lesen und Schreiben. Sie hat in diesem Zusammenhang einflussreiche Trainingsprogramme konzipiert. Und außerdem ist sie in der pädagogisch-psychologischen Praxis tätig. Sie kann also ihre wissenschaftlichen Erkenntnisse beständig im Alltag ein- und umsetzen und dabei wertvolle Erfahrungen sammeln.

Der Ertrag dieser umfassenden Kompetenz wird in diesem Eltern-Ratgeber sichtbar, der aus meiner Sicht das Beste darstellt, was ich jemals als Einführung für Eltern, ErzieherInnen und LehrerInnen in diese komplexe Thematik vorgefunden habe. Ich hoffe sehr, dass dieses Buch in der Praxis sehr bekannt wird und große Verbreitung findet. Verfasserin und Werk haben es zweifellos verdient.

Prof. Dr. Wolfgang Schneider
Leiter des Lehrstuhls
für Entwicklungspsychologie und Pädagogische Psychologie
der Universität Würzburg

Ihr Leitfaden für dieses Buch

Sie möchten, dass Ihr Kind möglichst leicht lesen und schreiben lernt.
Dieses Buch hilft Ihnen, Ihrem Kind dabei zu helfen.

In welcher Situation sind Sie gerade?

- **Haben Sie ein Kind im Vorschulalter?**
  Und wollen Sie sichergehen, dass es in der Schule keine Probleme mit dem
  Lesen und Schreiben bekommen wird?
  Dann sind für Sie die **Kapitel 1, 4, 5 und 6** besonders wichtig.

- **Ist Ihr Kind schon in der Schule?**
  Und fällt ihm das Lesen und Schreiben schwer?
  Dann sind für Sie die **Kapitel 1, 7 und 8** besonders wichtig.

- **Egal, ob Sie ein Kindergarten-, Vorschul- oder Schulkind haben:**
  Wenn Sie wissen wollen, wie das Lesen- und Schreibenlernen funktioniert,
  und was sich hinter Legasthenie und Lese-Rechtschreibschwäche verbirgt,
  dann sollten Sie auf jeden Fall auch die **Kapitel 2 und 3** lesen.

In welcher Situation Sie auch gerade sind –
wir wünschen Ihnen, dass dieses Buch Sie und Ihr Kind weiterbringt.

Inhalt

Inhalt

1

Eltern berichten:
„So war's bei unserem Kind"

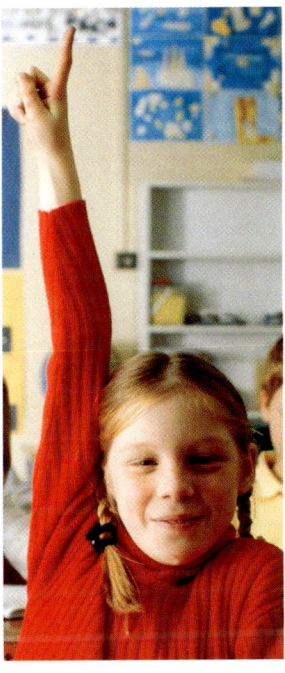

In diesem Kapitel erfahren Sie, ...

- wie Mara, Philipp und Florian das Lesen und Schreiben lernten (oder auch nicht)
- wie Sie – als Eltern eines Schulkindes – handeln sollten, wenn Sie Ihr Kind in einer unserer drei Geschichten „wiedererkennen"
- was Sie – als Eltern eines Vorschulkindes – tun können, wenn Sie bei Ihrem Kindergartenkind ähnliche Risikofaktoren wie bei Philipp oder Florian entdecken

Mara (8 Jahre alt):
Schreiben lernen – kein Problem

„Unsere Tochter hatte eigentlich noch nie Probleme in der Schule. Nicht, dass sie übermäßig ehrgeizig wäre. Aber sie arbeitet sorgfältig und gut konzentriert, und sie ist wohl auch recht begabt. Im Kindergartenalter hatten wir schon gewisse Sorgen, wie das wohl werden würde nach der Einschulung, ob Mara überhaupt reif genug wäre für diesen Stress und das Lernen im Gleichschritt. Denn als Kleinkind hatte sie etliche Monate verloren.

Als Einjährige hatte sie einen Unfall, musste danach immer wieder ins Krankenhaus und mehrere große Operationen im Hals- und Brustbereich überstehen. Als sie dann endlich mit knapp zwei Jahren alles hinter sich hatte und ganz zu uns nach Hause kam, war sie natürlich mit dem Laufen und auch mit dem Sprechen hinterher. Aber sie holte rasch auf, und die Erzieherinnen erklärten sie mit etwa sechs Jahren für voll schulreif.

Mara hat schon immer gern gemalt und stellte sich auch beim Basteln im Kindergarten geschickt an. Außerdem hat sie, wie wir meinen, ein gutes Sprachgefühl. Immer wieder überraschte sie uns mit neuen Wörtern, die sie irgendwo aufgeschnappt haben musste (auch wenn sie sie nicht immer ganz korrekt anwendete). Es fiel ihr schon immer leicht, Liedtexte oder kleine Gedichte auswendig zu lernen. Sie erzählte auch liebend gern Geschichten nach, die wir ihr vorgelesen hatten – und sie bestand im Vorschulalter auf regelmäßigen ‚Vorlesekuschelstunden‘.

Als sie in die Schule kam, konnte Mara nur ihren Namen schreiben – die Erzieherinnen und auch die künftige Erstklasslehrerin legten Wert darauf, dass das Schreibenlernen Sache der Schule sei. Sie lernte dann die Buchstaben schnell und war sehr stolz, uns kleine Botschaften aufschreiben zu können. Schon bald nach der Einschulung bestand sie darauf, ihre Hausaufgaben selbständig zu machen und die Hefte nur noch zum abschließenden Durchsehen vorzulegen. Wir fanden das gut, und es funktionierte. Nur die Nachschriften (Texte, die etwa eine Woche lang in der Schule und zu Hause geübt und dann als Diktate geschrieben werden) übten wir mehrmals pro Woche gemeinsam.

Sicher machte Mara auch Rechtschreibfehler. Aber sie machte auch Fortschritte: Sie merkte sich Korrekturen gut und schrieb das entsprechende Wort künftig richtig. Wenn sie etwas nicht so gut konnte, übten wir – und danach klappte es wesentlich besser. Bestimmt ist es von Vorteil, dass Mara gern liest. Momentan sind es Pferdebücher, die sie reihenweise verschlingt.

Zur Zeit besucht Mara die dritte Klasse. Sie geht gern zur Schule, weil sie Erfolg hat und gelobt wird. Später möchte sie einmal Tierpflegerin werden, vielleicht aber auch Schiffskapitänin oder Gärtnerin – wir werden sehen. Jedenfalls wünschen wir unserer Tochter und uns, dass sie ihre Schulzeit weiterhin größtenteils sorgenfrei verbringen kann."

Philipp (8 Jahre alt): Üben, üben, üben ... Bleibt da noch Zeit zum Kindsein?

„Philipp ist ein aufgewecktes Kind, und er macht uns viel Freude: mit seinem verschmitzten Charme, mit seiner cleveren und wissbegierigen Art, seiner schnellen Auffassungsgabe, seiner Phantasie und seinen kühnen Plänen beim Bauen mit Lego und sonstigen Materialien in Haus und Garten. So, wie er ist, ist er ein Kind, das dem Leben gut gewachsen zu sein scheint – ein selbstbewusster, sonniger Junge, den so leicht nichts aus der Bahn wirft (dachten wir). Doch jetzt ist alles ganz anders gelaufen, als wir uns das vorgestellt hatten: Philipp ist Legastheniker.

Den Erzieherinnen im Kindergarten ist nichts aufgefallen – konnte wohl auch gar nichts auffallen. Sie waren lieb und nett, und im Kindergarten war es unheimlich gemütlich. Aber es war doch eher eine Art ‚Aufbewahrungsanstalt‘: Die Kinder wurden bemuttert aber nicht im geringsten spielerisch gefordert oder gar gefördert. Wenn wir uns bei der Erzieherin nach unserem Sohn erkundigten, hieß es, er male nicht gern, er singe auch nicht gern mit, aber das sei eben typisch für die Jung's, die würden lieber toben und bauen. Philipps Bastelarbeiten, die er zu Ostern oder zum Muttertag nach Hause brachte, sahen chaotisch aus, aber die Erzieherin zerstreute unsere Bedenken: Jung's seien nun mal nicht so ordentlich wie die Mädchen und auch nicht so fingerfertig. Wir hatten keinen Vergleich, und so glaubten wir ihr.

Philipp hatte sich riesig auf die Schule gefreut. Er ist das älteste unserer drei Kinder und konnte es kaum erwarten, als einziges Schulkind seinen Sonderstatus unter den Geschwistern noch weiter auszubauen. Schon im Kindergarten entpuppte er sich als Rechenmeister: Er zählte bis 100, rechnete kleine Aufgaben im Kopf und war sehr interessiert an allem, was mit Zahlen zu tun hat. Buchstaben und Schreiben interessierten ihn im Vorschulalter überhaupt nicht. Er fragte zwar hin und wieder nach einzelnen Buchstaben, vergaß aber schnell wieder, wie man sie schreibt, und malte sie auch oft seitenverkehrt aufs Papier. Überhaupt: Die Sprache schien nie ‚das Seine‘ zu sein. Während er in allen

Entwicklungsbereichen – wie Krabbeln, Laufen oder Sauberwerden – immer eher früh dran war, schien er sich mit dem Sprechenlernen unendlich viel Zeit lassen zu wollen. Während Gleichaltrige schon munter und schier pausenlos in kleinen Sätzen plapperten, brachte Philipp mühsam einzelne Wörter heraus. Auch fiel uns immer wieder auf, dass er längere Wörter ungenau aussprach (und auch heute noch ausspricht). So wurde und wird aus dem Staubsauger tatsächlich ein ‚Saugstauber' – aber eben nicht zum Scherz, sondern weil Philipp sich das Wort nicht besser merken kann. Seine Aussprache ist auch heute noch recht huddelig: Er verschluckt Wortteile oder lässt Endungen weg – wie zum Beispiel in dem Satz ‚Ich will en Brunn' grab'n', womit er uns ankündigte, nun im Garten nach Wasser graben zu wollen.

Die Probleme in der Schule zeigten sich zuerst beim Lesen: Einzelne Buchstaben konnte er noch relativ sicher lesen, bei ganzen Wörtern scheiterte er jedoch von Anfang an. Beim Schreiben hatte er schon mit den Schwüngen und mit der Form der Buchstaben größte Probleme. So war er immer der Langsamste und das Ergebnis stets das ‚Unordentlichste'. Die Lehrerin verlor langsam die Geduld. Sie meinte wohl, er übe zu Hause nicht genug.

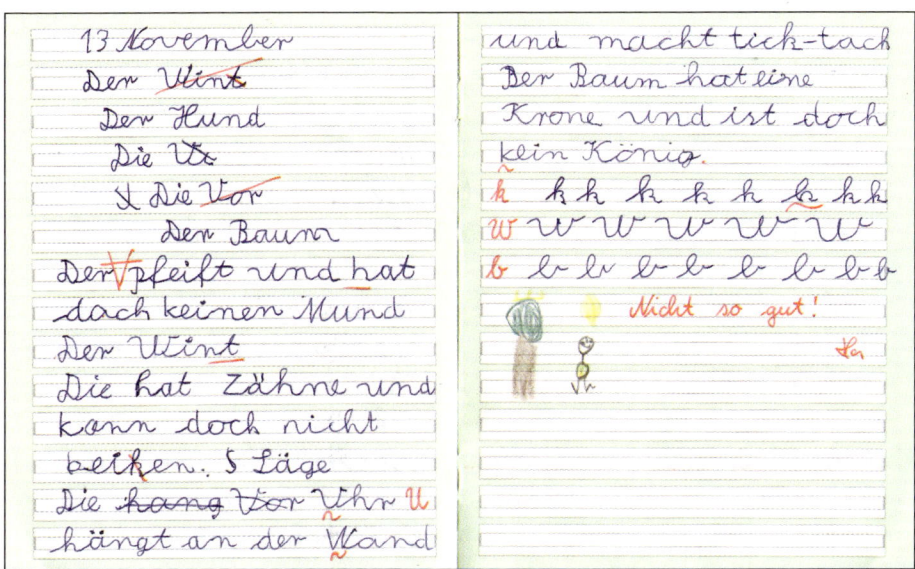

Doch wie wir übten! Zusätzlich zum normalen Hausaufgabenpensum! Tagtäglich diktierten wir Philipp die kleinen Wörter, die sie in der Schule durchgenommen hatten. Wir übten, auf der Zeile – und nicht drüber oder drunter – zu schreiben. Nicht selten ließen wir unseren Sohn seine Hausaufgaben noch einmal schreiben, weil er zu sehr ‚geschlampt‘ hatte. Dann täglich lautes Vorlesen. Zur Not ‚Du eine Zeile, ich eine Zeile‘, ‚Du ein Wort, ich ein Wort‘. Aber wenn er es dann geschafft hatte, einen Satz mühsam zu entziffern, hatte er mit Sicherheit den Sinn nicht verstanden.

Auf den Rat der Lehrerin hin übten wir mit Karteikarten. Das half etwas. Trotzdem konnte Philipp sich häufig nicht an die Wortbilder erinnern. Selbst die einzelnen Buchstaben saßen kurz vor dem Zwischenzeugnis noch nicht zuverlässig. Oft schrieb seine Hand einen anderen Buchstaben als den, den er gerade aussprach. Oft ließ er Buchstaben aus oder fügte neue dazu. Viele Laute verwechselte er, wie ‚b‘ und ‚p‘ oder ‚g‘ und ‚k‘.

Immer häufiger schlich sich bei uns die Frage ein: ‚Will er nicht? Oder kann er nicht?‘. Doch die Lehrerin bestärkte uns, ja befahl uns, weiter zu üben – irgendwann würde der Knoten schon platzen.

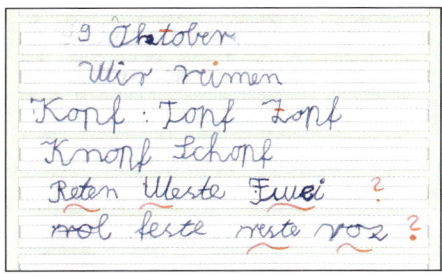

Es ist überflüssig zu bemerken, dass Philipp die Lust am Lesen und Schreiben in dieser Zeit ganz verlor und dass Schule, Hausaufgaben und Üben allmählich für uns alle zu einer schier unerträglichen Last wurden. Wir alle lebten nur noch auf die Ferien hin. Irgendwann begannen die Streitereien bei den Hausaufgaben: Philipp begann sich zu verweigern und ließ seine Wut an allen aus, die ihm begegneten. So zogen sich die Arbeiten für die Schule nicht selten über zwei Stunden hin, und das in der 1. Klasse! Die Auseinandersetzungen wurden immer lauter und endeten manchmal sogar in mehrstündigem Zimmerarrest für Philipp und Selbstvorwürfen bei uns wegen unserer Ungeduld.

Die Hausaufgaben in Mathematik erledigte Philipp übrigens selbständig und ohne nennenswerte Probleme. Hier traute er sich etwas zu, machte sich selbstbewusst ans Werk und konnte die Aufgaben dementsprechend gut.

Mit einem Mal wurde Philipp besser – zumindest im Lesen. Wir hofften natürlich auf den sich lösenden Knoten, bis wir herb enttäuscht wurden: Philipp hatte die Strategie entwickelt, den Lesestoff auswendig zu lernen. Beim Lesen las er nicht, er sagte lediglich das auswendig Gelernte herunter. Wir entdeckten es daran, dass er manchmal Wörter ersetzte, so las er zum Beispiel ‚Oma' statt ‚Großmutter' oder ‚Urlaub' statt ‚Ferien'.

Wenn wir Philipps Geschichte aus heutiger Sicht (unser Sohn steht jetzt am Anfang der dritten Klasse) beschreiben, können wir im Nachhinein nicht verstehen, dass nicht schon damals bei uns alle Alarmglocken klingelten. Sie klingelten nicht – denn wir glaubten, dass der Knoten noch platzen werde. Wir glaubten, dass die Lehrerin schon erkennen werde, wenn Philipp eine ernste Schwäche habe. Und schließlich wollten wir wohl auch den Glauben nicht aufgeben, dass unser Sohn nicht anders ist als andere Kinder.

Die Probleme setzten sich in dieser Weise fort – bis etwa zum Ende des zweiten Schuljahres. Mal ging es ein wenig besser (da schlich sich sofort wieder das Bild vom Knoten ein, der sich nun endlich lösen sollte), dann ging es wie-

der schlechter. Auch der Förderunterricht in der Schule (Freitag, 5. Stunde) fruchtete nicht. Philipp schien sich seinem Schicksal gebeugt zu haben und Lesen- und Schreibenlernen als notwendiges Übel hinzunehmen. Ebenso lustlos und resigniert akzeptierte er auch das tägliche Üben, das er fast schon als Strafe zu sehen schien. Wir ließen nicht locker, denn die Kommentare und Aufforderungen der Lehrerin wurden immer schärfer. Außerdem hatte das Üben den positiven Effekt, dass Philipp in den geübten Nachschriften nur wenige Fehler schrieb und somit seine verheerenden Leistungen in den ungeübten Diktaten (nie weniger als 20 Fehler) etwas ausgleichen konnte. Wurde der Text in einer Nachschrift jedoch umgestellt, versagte er wie beim ungeübten Text. Da hatte er nichts auswendig Gelerntes mehr, an das er sich klammern konnte.

Dann kam die Angst. Philipp wurde jetzt häufig übel, und er hatte Bauchschmerzen. Einschlafstörungen kamen hinzu – und schließlich immer häufiger der Kommentar: ‚Ich bin eben dumm‘. Vor Proben kam es zu regelrechten Angstattacken. Er ließ sich kaum mehr beruhigen. Dann kam uns zu Ohren, dass er in der Schule von Mitschülern wegen seiner Leseprobleme gehänselt wurde. Philipp war innerhalb kurzer Zeit in zahlreichen Schulfächern gefährlich abgesackt: In Mathematik kamen nun die ersten Sachaufgaben. Und obwohl er ein guter Rechner war, konnte er sie nicht

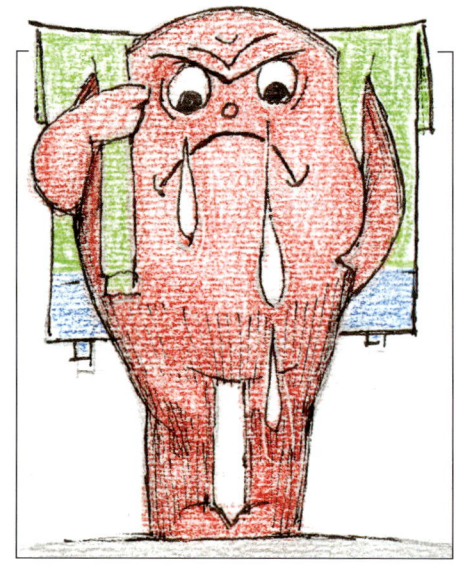

lösen, weil er die Textaufgaben selten verstand. Auch in Heimat- und Sachkunde hatte er mehrfach versagt, weil er entweder die Frage falsch aufgefasst hatte oder mit dem Aufschreiben der Antworten so lange brauchte, dass er nicht fertig wurde. Unser Sohn war ein kompletter Schulversager geworden. Es gab nun kein Fach mehr, auf das er sich freute, in dem er sich ein wenig Bestätigung holen konnte.

Schließlich wollte Philipp nicht mehr in die Schule gehen. Er zog sich völlig zurück. Und einmal sagte er sogar, er wolle nicht mehr leben. Nun endlich schrillten die Alarmglocken unüberhörbar. Und durch eine Folge günstiger Zufälle (von der Schule hatten wir keinerlei Hilfestellung erhalten) bekamen wir Kontakt zu einer Selbsthilfegruppe betroffener Eltern und einen Termin zur Diagnostik beim Facharzt für Kinder- und Jugendpsychiatrie. Der stellte bei Philipp eine Legasthenie fest und bescheinigte ihm überdies die Gefahr einer seelischen Behinderung durch die ständigen Misserfolgserlebnisse.

Philipp erhält nun eine außerschulische Legasthenie-Therapie. Hier wird nicht nur Lesen und Schreiben trainiert, sondern auch sein Selbstbewusstsein wieder aufgebaut. Nun kann er erste Erfolge verbuchen. Denn in der Therapie wird ihm nicht ständig vor Augen geführt, was er alles nicht kann – sondern er darf entdecken, was er alles schon kann. Wir Eltern lernen, wie wir sinnvoll mit ihm üben können, wie wir ihn stützen und immer wieder stärken können. Er wird lernen, mit seiner Schwäche zu leben. Und das Wichtigste ist: Er lernt wieder lachen."

Florian (9 Jahre alt): „Ich bin doch sowieso zu doof zu allem"

„Etwa ab Ende der zweiten Klasse merkten wir, dass mit Florian etwas nicht stimmt. Er schreibt, wie er spricht. Wortbilder scheint er sich nicht einprägen zu können. Es ist, als müsse er sich jedes Wort beim Schreiben immer neu erschließen, und nichts bleibt hängen. Im Lesen hat er leichte Probleme: Manchmal misslingt es ihm, ein bekanntes Wort als Ganzes zu erkennen, und er muss es Buchstabe für Buchstabe erlesen. Seine Leseleistung schwankt stark, abhängig von der Tagesform. Manchmal liest er sogar erstaunlich flüssig.

Sprachlich ist er sehr begabt. Er hat einen großen Wortschatz, kann sich gut ausdrücken, nur kann er seine Gedanken nicht aufs Papier bringen. Außerdem ist seine Schrift so schlecht, dass er sie kaum selbst entziffern kann, geschweige denn Fehler finden.

Schon vom ersten Schuljahr an wurden seine Schwächen im Schreiben und Lesen im Zeugnis moniert. Und die fehlende Aufmerksamkeit: Er sei leicht ablenkbar, überhöre oft Arbeitsaufträge oder vergesse Teile von Aufgaben. Außerdem sei sein Verhalten zu tadeln: Er laufe oft ohne Grund im Klassenzimmer umher und störe andere durch seine Unruhe.

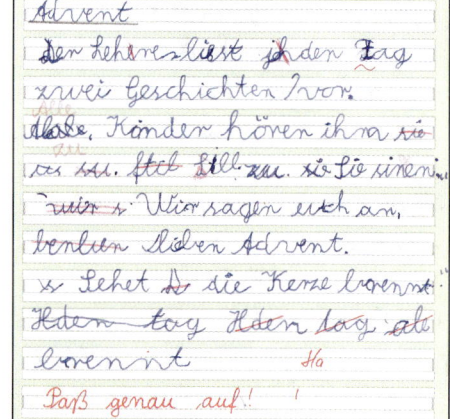

Unruhig war Florian schon immer. Schon von Geburt an brauchte er wenig Schlaf und ständige Beschäftigung. Wir führten diese Unruhe auch auf die Mittelohrentzündungen zurück, die ihn als Kleinkind häufig plagten. Im Kindergarten war er der ‚Wilde' und tat anderen Kindern oft unabsichtlich weh. So wurde er in der Gruppe immer wieder ausgegrenzt und fand kaum Freunde, die mit ihm spielen wollten. Die Erzieherin beklagte, Florian überhöre oft

Anweisungen und könne sich nur schwer an Regeln halten. Bei Aktivitäten im Stuhlkreis grenze er sich oft selbst aus und hänge seinen Gedanken nach. Dann ‚träume er sich weg'.

Im mathematischen Bereich ist er deutlich besser begabt als im sprachlichen. Das zeigte sich auch in der Schule. Während ihm beim Rechnen höchstens mal Flüchtigkeitsfehler unterliefen, tat er sich mit dem Erlernen der Buchstaben recht schwer. Wir übten sehr viel. Und es war uns manchmal unmöglich, die Geduld zu bewahren, wenn er ein bekanntes Wort, das wir gestern intensiv geübt hatten, heute schon wieder falsch schrieb. Fast hätten wir ihm unterstellt, er mache die Fehler absichtlich, um uns zu nerven.

Während Florian sich in den ersten beiden Schuljahren noch halbwegs über Wasser halten konnte, wurde es zu Beginn des 3. Schuljahres dramatisch. Die Anforderungen wurden größer, das Tempo zog stark an, und Florian bekam die ersten Fünfen und Sechsen in Diktaten. Auch die Leistungen in Mathematik und in den anderen Fächern verschlechterten sich nun, wenn auch nicht in dem Ausmaß wie beim Schreiben. Rechtschreibung ist eindeutig Florians Schwachstelle.

Florian ließ sich seinen Kummer nicht anmerken und versuchte nun, durch flotte Sprüche im Unterricht und als ‚Klassenkasper' die Aufmerksamkeit der Mitschüler und der Lehrerin auf sich zu ziehen. Das musste misslingen, und er wurde nur noch mehr isoliert. Er hatte keinerlei Rückhalt in der Klasse. Nachmittags rief kaum noch ein Kind an, um mit ihm zu spielen. Wenn er in der Schule an die Tafel schreiben musste, war das Gelächter groß. Die Lehrerin konnte ihn nicht schützen.

Als Florians Schulunlust immer stärker wurde und er regelmäßig zum Wochenanfang und vor Proben über Bauchschmerzen klagte, erbaten wir Hilfe vom Schulpsychologen. Der stellte bei Florian eine gut durchschnittliche Intelligenz fest. Im Rechtschreibtest schnitt Florian verheerend ab (er war schwächer als 93 % seiner Altersgenossen). Außerdem ergaben sich Hinweise auf eine Aufmerksamkeitsstörung.

Der Facharzt für Kinder- und Jugendpsychiatrie bestätigte die Diagnose der Legasthenie und stellte eine Aufmerksamkeitsstörung mit Hyperaktivität fest. Wir erfuhren, dass beide Störungen zusammenhängen können – dass bei-

spielsweise die mangelnde Aufmerksamkeit dafür verantwortlich sein kann, dass Florian mit dem Schreiben nicht zurechtkommt. Der Arzt empfahl uns eine medikamentöse Behandlung mit Ritalin, für die wir uns nach langen Überlegungen und intensiven Aufklärungsgesprächen entschieden. Außerdem sollte Florian eine spezielle Legasthenie-Therapie zur Behandlung der Rechtschreibschwäche und Steigerung seines Selbstbewusstseins erhalten. Beide Therapien haben vor kurzem begonnen".

(Wenn Sie mehr zum Thema „Aufmerksamkeitsstörungen" erfahren wollen, lesen Sie *„Das A·D·S-Buch – Neue Konzentrations-Hilfen für Zappelphilippe und Träumer"* von der Kinderärztin Dr. med. Elisabeth Aust-Claus und der Diplom-Psychologin Dr. Petra-Marina Hammer.)

Liebe Eltern eines Schulkindes

Vielleicht haben Sie die Entwicklung Ihres eigenen Kindes in einer unserer drei Geschichten wiedergefunden – sicherlich nicht haargenau, denn kein Kind gleicht dem anderen, und jedes Kind geht seinen individuellen Weg durch die Schule. Aber vielleicht haben Sie in den Geschichten von Mara, Philipp oder Florian einige Sätze gefunden, die Sie aufhorchen ließen, weil sie Sie an Erlebnisse mit Ihrem eigenen Kind erinnern.

Mara

Wenn es in Maras Geschichte war, dann dürfen Sie sich freuen. Ihr Kind kommt mit dem so genannten „Schriftspracherwerb" gut zurecht. Sicherlich: Fehler macht jeder, und (glücklicherweise) ist noch kein Meister vom Himmel gefallen. Auch Mara fliegen nicht alle Wörter zu, sie muss üben, muss sich bemühen. Aber ihre Mühe wird belohnt, sie macht Fortschritte und dreht sich nicht wie ein Hamster im Rad, ohne wirklich voran zu kommen.

Philipp

Ganz anders erging es Philipp. Über Jahre hinweg wurde geübt, gedrillt, diktiert und korrigiert – natürlich immer in bester Absicht. Oh nein, kein Vorwurf an die Eltern! Sie geben ihr Bestes, nehmen sich tagtäglich Zeit, investieren unendlich viel Zeit, Mühe und Kraft für ihren Sohn. Sie wollen doch nur, dass er nicht scheitern muss. Außerdem hat sie nie jemand darüber aufgeklärt, *dass nicht jedes Kind problemlos schreiben lernen kann.*

Ein Beispiel am Rande: Kein Mensch würde jemals ernsthaft daran zweifeln, dass es Kinder gibt, die musikalisch begabt sind und leicht ein Instrument lernen, während andere sich unendlich schwer tun und letztlich auch bei intensivstem Üben nur bescheidene Erfolge erzielen. Oder Fußball spielen: Muss denn jeder Junge automatisch ein begnadeter Fußballer sein? In allen Bereichen gibt es hoffnungslose Fälle – und die darf es ja auch geben. Nicht jeder muss Fußball oder Klavier spielen können. Aber Lesen und Schreiben – das muss jeder lernen. Und es wird sogar bewertet, wie gut er sich dabei anstellt.

Hätte man Philipps Lernprobleme vorhersehen können? Hätte man vielleicht im Kindergartenalter schon erkennen können, dass er ein „Risikokind" für eine Legasthenie ist? Hätte man ihn vielleicht auch schon im Vorschulalter spielerisch fördern können, damit er hinterher nicht „in den Brunnen fallen" muss? Ja, es gibt mittlerweile sichere Methoden, um Risikokinder bereits im Vorschulalter zu erkennen und anschließend spielerisch zu fördern, sodass auch sie die Chance auf einen guten Start in ihre Schullaufbahn haben. Diesen Möglichkeiten der Früherkennung und Frühförderung ist ein wesentlicher Teil dieses Buches gewidmet. Aber dazu später mehr.

Florian

Vielleicht haben Sie auch in der Entwicklung von Florian einiges von Ihrem eigenen Kind wiedergefunden. Florian, der ewig Zapplige, der nicht still sitzen kann. Florian, der Wagemutige, der meist erst hinterher überlegt und sich so schon oft in Gefahr brachte (zum Beispiel, wenn er auf die höchsten Bäume klettert oder der schnellste Skateboarder sein muss – ganz gleich, ob auf der Straße Autos fahren). Florian, der Wildfang, der „echte Bub" mit „Hummeln in der Hose", der aber auch stundenlang gedankenversunken Lego bauen kann – na also: Er kann ja, wenn er will.

● Hätte man im Vorschulalter schon vorhersehen können, dass Florian Gefahr läuft, in der Schule zu scheitern? Hätte man!
● Aber er konnte sich doch konzentrieren, wenn er wollte. Man sah es doch beim Legobauen, da saß er stundenlang. Ja, aber Schule ist nun einmal nicht annähernd so motivierend wie das liebste Hobby, das Bauen. Schule ist nicht freiwillig, nicht dann, wenn man will oder solange man will. Schule ist tägliche Pflicht, und dafür reicht Florians Aufmerksamkeit offensichtlich nicht.

Das ist eine ganz wichtige Erkenntnis: Auch aufmerksamkeitsgestörte Kinder lassen sich von ihrer Lieblingsbeschäftigung über lange Zeit fesseln, arbeiten gut konzentriert und genau. Denn diese Beschäftigung ist für sie mit höchstem Interesse und Lust, also auch mit größter Leistungsmotivation verbunden. Aber sie schaffen es eben nicht, sich in Situationen, die weniger motivierend oder lustbetont sind – wie beispielsweise während eines Schulvormittages oder bei den Hausaufgaben – ausreichend zu sammeln, ihre Energien zu bündeln und sich nicht ablenken zu lassen.

Florian ist höchstwahrscheinlich kein „echter Legastheniker". Das heißt: Bei ihm kann die mangelnde Aufmerksamkeit dafür verantwortlich sein, dass er in der Schule vom Unterricht im Lesen und Schreiben weniger profitiert und damit auch große Wissenslücken in diesem Bereich hat. In Mathematik, wo ihm vieles zufliegt, kann er auch mit einem Minimum an Aufmerksamkeit den Stoff aufnehmen. Insofern ist bei Florian die Kombination aus der Aufmerksamkeitsförderung und der Legasthenie-Therapie sehr vielversprechend: Erstere macht ihn bereit und offen fürs Lernen, letztere hilft ihm, seine Lücken zu schließen und wieder mehr Mut und Selbstvertrauen in diesem Bereich zu gewinnen.

Das Wichtigste in Kürze
für Eltern eines Schulkindes

- Wenn Ihr Kind trotz intensiven Übens mit dem Lesen- und Schreibenlernen nicht voran kommt: Lassen Sie sich nicht damit vertrösten, dass „der Knoten irgendwann platzt". Lassen Sie Ihr Kind so früh wie möglich vom Schulpsychologen oder vom Facharzt für Kinder- und Jugendpsychiatrie auf das Vorliegen einer Legasthenie untersuchen. Auch die Aufmerksamkeitsleistung sollte unbedingt getestet werden.

- Solche Intelligenz- und Leistungstests müssen für das Kind keinesfalls sehr unangenehm und beängstigend sein. Ein erfahrener und einfühlsamer Testleiter erwirbt schnell das Vertrauen Ihres Kindes. Wir erleben es häufig, dass den Kindern die Testsitzung sogar Spaß macht, weil sie im Mittelpunkt stehen und nie den Eindruck haben, etwas nicht zu können.

- Nur ein solcher Test gibt Ihnen Gewissheit, ob Ihr Kind an einer Legasthenie leidet (und somit professionelle Hilfe braucht) oder an einer leichten Teilleistungsschwäche, die Sie auch durch vermehrtes Üben zu Hause positiv beeinflussen können.

- Sollte eine Legasthenie festgestellt werden, ist ein Nachhilfeinstitut zur Therapie nicht geeignet. Kinder mit einer solchen Störung brauchen eine speziell auf sie abgestimmte Einzeltherapie, in der auf der Grundlage ihrer individuellen Schwächen und Stärken (!) und ihrer individuellen psychischen Situation gearbeitet wird.

- Auch wenn beim Test keine Legasthenie festgestellt wurde: Der Aufwand war keinesfalls umsonst. Nun können Sie über die Fehlerschwerpunkte Ihres Kindes informiert werden, können Tipps erhalten, wie Sie mit Ihrem Kind Erfolg versprechend üben können. Hier könnte dann auch eine Nachhilfe der richtige Weg sein.

- Auch wenn Ihr Kind in den ersten Schuljahren nur im Lesen und Schreiben Probleme hatte und später in allen Fächern absackt, kann es sich um eine Legasthenie handeln. Die Schwäche breitet sich auf andere Fächer aus, wie Mathematik (Sachaufgaben) oder Heimat- und Sachkunde (schriftliche Proben).

- Ein Kind mit gutem Gedächtnis kann sich trotz Lese- und Rechtschreibstörung durch die ersten Schuljahre „mogeln" – es lernt die Texte auswendig. Die Schwäche fällt oft erst etwa ab der 3. Klasse auf, wenn Lerntempo und Stoffmenge deutlich gesteigert werden. Werden Sie also hellhörig, wenn Ihr Kind in den ersten Schuljahren häufiger Wörter in Lesetexten ersetzt oder Texte, die es vorher beherrschte, nicht mehr lesen kann, sobald die Wortfolge umgestellt ist.

- Eine Klassenwiederholung ist keine geeignete Legasthenie-Therapie. Die bloße Lernzeitverlängerung setzt nicht an den Wurzeln an und das Kind langweilt sich in den Fächern, in denen es besser ist.

- Tägliches (erfolgloses) Üben wird – auch wenn Sie als Eltern es noch so gut meinen – vom Kind als Strafe erlebt. Ihr Kind wird hilflos, denn es kann Ihre Erwartungen nicht erfüllen, versagt tagtäglich vor Ihren Augen. Indem Ihr Kind aggressiv und wütend wird, lässt es die entstehende Energie nach außen ab. Wenn es beginnt, an sich selbst zu zweifeln und sich für dumm zu halten, wendet es die zerstörerische Energie gegen sich selbst und ist in höchster Not.

- Machen Sie sich bewusst, unter welch enormen Druck ein Kind gerät, das in der Schule von Anfang an große Probleme mit dem Lesen- und Schreibenlernen hat. Die Schule ist „der Ernst des Lebens", und genau da versagt das Kind. Tägliche Misserfolgserlebnisse, Ungerechtigkeiten (auch ungewollt aus Unwissenheit) durch die Lehrkraft, Hänseleien durch die Klassenkameraden – diesem Psychoterror hält die Seele eines Kindes nicht stand.

- Das Wichtigste, was Sie Ihrem Kind geben können, sind Verständnis, Geduld, unbedingte Zuneigung und die Gewissheit, dass Ihr Kind zahlreiche Stärken hat, die es einzigartig und liebenswert machen. Ihr Kind braucht Ihren Rückhalt.

Liebe Eltern eines Vorschulkindes

Ist Ihnen bewusst geworden, welche Hürden mit dem Lesen- und Schreibenlernen auf Ihr Kind zukommen können? Gut so. Wir wollen Sie nicht hysterisch machen – nur vorsichtig. Seien Sie sich bewusst, dass mit dem Wechsel vom Kindergarten in die Schule ganz neue Anforderungen im Bereich der *Wahrnehmung* und der *geistigen Verarbeitung* auf Ihr Kind zukommen. Und es ist nun einmal nicht so, dass jedem Kind quasi in der Schultüte die optimale Ausstattung für das Abenteuer Schule mitgeliefert wird.

Die Einschulung ist nicht die Stunde Null für das Lesen- und Schreibenlernen.

Die Fähigkeiten und Fertigkeiten, die für das Lesen- und Schreibenlernen wichtig sind, entwickeln sich nicht erst in der Schule, sondern sie sind schon im Kindergartenkind angelegt. Wir wissen aus der modernen Forschung, dass

es schon lange vor der Einschulung möglich ist, so genannte „Risikokinder" – also Kinder, die mit großer Sicherheit beim Lesen- und Schreibenlernen Probleme haben werden – zu erkennen. Und wir können sie nicht nur *erkennen*. In sehr vielen Fällen können wir die Kinder im Vorschulalter sogar spielerisch so *fördern*, dass ihnen das Schicksal einer Legasthenie erspart bleibt.

Gehen wir einmal zurück zu Mara, Philipp und Florian – und machen wir uns bewusst, welche Signale schon im Kindergarten zu erkennen gewesen wären:

Mara

Auch bei Mara gab es ein Risikosignal, obwohl doch letztendlich alles gut wurde. Bedingt durch die häufigen und langen Krankenhausaufenthalte zwischen dem ersten und zweiten Lebensjahr, fehlte Mara natürlich einiges an Spracherfahrung im Kleinkindalter. Während andere gleichaltrige Kinder schon intensiv ihre Umwelt erkundeten und dank ständiger Zwiesprache und Anregung durch die Eltern ihren Wortschatz immens erweiterten, konnte Mara in der Klinikumgebung kaum etwas entdecken und benennen. Ihre Sprachentwicklung lag in dieser Phase etwas auf Eis. Doch ihre große Chance bestand in ihrer sprachlichen Begabung. Und so konnte sie in kurzer Zeit mächtig aufholen. Schon mit drei Jahren hatte sie ihre Altersgenossen eingeholt. So konnte sie die kritische Situation durch ihre gute sprachliche Begabung und sicherlich auch durch die liebevolle Förderung im Elternhaus gut meistern.

Philipp

Bei Philipp hätte es im Kindergartenalter viel zu entdecken und spielerisch zu fördern gegeben – hätte nur jemand mit liebevoll kritischem und geübtem Blick seine Entwicklung verfolgt.

Philipp malte und bastelte ungern. Und wenn er sich doch dazu überreden ließ, tat er es sehr ungeschickt und verkrampft. Dieser Umstand deutet auf Probleme in der Feinmotorik hin. Viele Eltern beobachten akribisch genau, was ihr Kind *gern* macht. Sie setzen sich aber häufig nicht mit den Beschäftigungen auseinander, die ihr Kind *nicht gern* mag. Doch gerade hier könnte der Ansatzpunkt für das Erkennen einer Schwäche liegen. Wer malt schon gern, wenn er merkt, dass es nicht klappt, wenn es ihn übermäßig anstrengt und er es ohnehin nicht so schön kann wie die anderen?

Philipp mochte keine Liedertexte, keine Reime oder kleine Gedichte. Er konnte sie sich nicht merken und verheddderte sich immer wieder. Gerade aus der modernen Forschung wissen wir, dass solche Fertigkeiten wie Reimen, Silbenklatschen usw. ganz grundlegend sind für das spätere Lesen- und Schreibenlernen – und dass Kinder, die hier im Vorschulalter Defizite haben, sehr gefährdet sind, später in der Schule Lese- und Rechtschreibprobleme zu entwickeln.

Wenn Philipp im Kindergartenalter einmal einen Buchstaben lernte, konnte er sich **nie die Richtung merken**, in die der geschrieben bzw. gemalt wurde. Also: Heißt es „p" oder „q", heißt es „b" oder „d", heißt es „Philipp" oder „Philiqq" oder gar „Ph!l!pq"? Diese Unsicherheiten sind auf Probleme der Raum-Lage-Wahrnehmung zurückzuführen und zeigen sich auch in alltäglichen Spielsituationen im Kindergarten.

Philipp, der sich in den meisten Bereichen altersgerecht entwickelte, war **mit dem Sprechenlernen immer hintendran**. Eine solche Verzögerung in der Sprachentwicklung kann ein wichtiger frühzeitiger Vorbote einer späteren Lernstörung sein und sollte nie auf die leichte Schulter genommen werden oder gar unbeachtet bleiben. Wie gesagt: Die Sprachentwicklungsverzögerung *kann* eine spätere Lernstörung ankündigen, auch wenn sie sie nicht hundertprozentig vorhersagt. So ist aber immer Aufmerksamkeit geboten, wenn die Sprachentwicklung durch eine Verzögerung aus dem Rahmen der sonstigen Entwicklungsbereiche eines Kindes herausfällt.

Auch Philipps häufige **Versprecher**, wie „Saugstauber" oder „Fandpflasche" deuten auf Probleme im Sprachbereich hin. Diese Aussprachefehler, die er wiederholt machte – er konnte sich nie lange merken, wie das Wort richtig heißt – deuten darauf hin, dass er Probleme mit der Verarbeitung und dem Einspeichern der Sprache hat.

All diese Warnsignale müssen wohlgemerkt – für sich genommen – keine hundertprozentigen Vorboten einer Legasthenie sein, aber als mögliche Risikofaktoren ernst genommen werden. Aber wären sie schon im Vorschulalter aufmerksam beobachtet und genügend beachtet worden, hätte dann auch die Tatsache, dass Philipp von Anfang an in der Schule beim Lesen und Schreiben versagte, viel ernster genommen werden müssen. Das Zusammentreffen all dieser vorschulischen Warnsignale gibt in der Schule kaum einen Anlass für die Hoffnung, dass „der Knoten bald platzt".

- Selbstverständlich hatte Philipp durch seine schwache Feinmotorik in der Schule größte Probleme, die Buchstaben formgetreu zu schreiben.
- Selbstverständlich kosteten die feinen Bewegungen beim Schreiben ihn so viel Energie, dass er kaum noch Kraft hatte zu überlegen, welchen Buchstaben er nun eigentlich gerade zu Papier brachte.
- Selbstverständlich hatte er größte Probleme damit, ein Wort in die einzelnen Laute zu zerlegen, um diese dann niederzuschreiben.
- Selbstverständlich war sein Wortschatz viel kleiner als der der Klassenkameraden. So konnte er sich auch neue Wörter schlechter merken.
- Selbstverständlich konnte er längere Wörter nicht richtig schreiben, wenn er sich noch nicht einmal deren Aussprache genau merken konnte. Seine Sprache war kein guter Pilot, und er musste ins Trudeln kommen.

Warum sollte Philipp jetzt plötzlich all das können, was er noch kurz zuvor überhaupt nicht beherrscht hatte?

Florian

Auch Florian ist sicherlich im Kindergartenalter keinesfalls unauffällig geblieben.

- Warum erwarten wir Eltern, dass unsere Kinder, die eben noch zappelig und unaufmerksam sind, sich demnächst als Schulkinder – wie von Geisterhand gezähmt – in aufmerksame, stets ordentliche und pflichtbewusste Schüler verwandeln?
- Wie sollen Kinder, die im Kindergarten oft abseits standen, weil sie wild und grob waren und feine soziale Signale der Kameraden übersehen haben, sich plötzlich im Klassenverband aufgehoben fühlen und bei Misserfolg jemanden haben, der sie tröstet?

Während ein hyperaktives Kind im Kindergarten für Eltern und Erzieher in erster Linie eine große Aufgabe in Sachen Geduld, Konsequenz und Grenzensetzen darstellt, kann diese Hyperaktivität im Schulalter zu einer echten Gefahr für das Kind selbst werden. Denn ein Kind, das dem Geschehen im Unterricht und in der Klasse nicht aufmerksam folgen kann, wird notgedrungen scheitern – sowohl im Leistungsbereich als auch im Bereich der sozialen Beziehungen in der Klasse.

Das Wichtigste in Kürze
für Eltern eines Vorschulkindes

- Die Voraussetzungen und Vorkenntnisse für das Lesen- und Schreibenlernen entwickeln sich nicht erst mit der Einschulung. Schon Vorschulkinder unterscheiden sich ganz enorm hinsichtlich der „Vorläufer-Merkmale", die den späteren Erfolg beim Lesen- und Schreibenlernen zuverlässig vorhersagen.

- Als wichtigstes „Vorläufermerkmal" gilt heute die Fähigkeit der Kindergartenkinder, Reime und Silben zu erkennen. Auf die Frage, wie man diese Fähigkeit im Kindergarten am besten überprüft, und was man tun kann, um ein Kind spielerisch zu fördern, wird in diesem Buch noch genauer eingegangen.

- Lange Krankheitsphasen oder immer wiederkehrende Erkrankungen können eine Ursache dafür sein, dass ein Kind im Kindergartenalter zu wenig Erfahrung mit der gesprochenen Sprache, mit den Wörtern, mit ihrem Klang, mit den einzelnen Einheiten (wie zum Beispiel den Silben) sammeln kann und bedingt durch dieses Defizit einen erschwerten Einstieg in das Lesen- und Schreibenlernen hat.

- Betrachten Sie ihr Kind liebevoll kritisch: Welche Beschäftigungen oder Spiele meidet es? Versuchen Sie herauszufinden, welche Anforderungen in diesen Spielen stecken, und warum Ihr Kind denen nicht gewachsen ist. Machen Sie sich bewusst: Niemand tut etwas gern, was ihm sehr schwer fällt.

- Beobachten Sie Ihr Kind: Ist es ein „Zappelphilipp", der nie still sitzen kann, oder ein „Hans-guck-in-die-Luft", der immer nur halb anwesend zu sein scheint? Vorsicht: Auch Kinder mit einer ernsten Aufmerksamkeitsstörung können stundenlang gut konzentriert bei ihrer Lieblingsbeschäftigung bleiben. Aber wie ist es in den anderen Situationen (bei Tisch, im Spiel mit Freunden oder einfach in langweiligen Situationen)?

- Wenn Ihr Kind Schwierigkeiten mit der Feinmotorik – also mit den ganz feinen Bewegungen beim Schneiden, Malen oder Basteln – hat, sollte eine Ergotherapie unbedingt noch im Kindergartenalter beginnen. Ist das Kind erst einmal eingeschult, wird in der Regel die Zeit knapp, und die Schwächen schlagen umso drastischer als Misserfolge zu Buche.

- Gleiches gilt für die Entwicklung der visuellen Wahrnehmung. Auch hier kann eine vorschulische Ergotherapie sehr viel bewirken, und das Kind kann gefördert werden, ohne dass es in der Schule erst eigenes Versagen erleben muss.

- Auffälligkeiten in der Sprachentwicklung müssen unbedingt mit dem Kinderarzt besprochen werden. Logopädische Behandlungen dürfen keinesfalls bis ins Schulalter aufgeschoben werden.

- Bleiben Sie unbedingt mit der Erzieherin Ihres Kindes im Gespräch. Sie sieht Ihr Kind täglich zusammen mit Gleichaltrigen, jüngeren und älteren Kindern und kann Stärken und Schwächen Ihres Kindes in dieser Vergleichssituation leicht erkennen. Nehmen Sie die Hinweise der Erzieherin ernst, und stellen Sie Ihr Kind bei den Spezialisten der Frühförderstellen oder einem Facharzt für Kinder- und Jugendpsychiatrie vor. Und: Nehmen Sie der Erzieherin einen falschen Alarm nicht übel. Dies ist besser, als wenn sie ein wichtiges Zeichen übersehen hätte.

2

Lesen und Schreiben lernen: Wie funktioniert das?

In diesem Kapitel erfahren Sie,

- warum das Schreiben und Lesen einfacher Wörter
  für einen Schulanfänger Schwerstarbeit sein kann
- warum Lesen- und Schreibenlernen wie Treppensteigen ist
- warum Ihr Kind beim Lesen und Schreiben Fehler machen muss –
  und machen darf

Was passiert eigentlich im Gehirn, während ein Kind schreibt?

Können wir uns noch daran erinnern, wie das damals bei uns war? Vergangenheit malt golden. Und so scheint es im Nachhinein kein steiniger Weg gewesen zu sein, der uns über Laute und Buchstaben, Silben und Wörter zur hohen Kunst der Orthographie führte. Oder doch? Manch einer mag sich noch an einzelne besonders schlimme Leseübungen erinnern: das erste Muttertagsgedicht, das erste öffentliche Vortragen beim Schulfest, ein Diktat, bei dem man vor Nervosität den Füller zerkaute. Bei mir zum Beispiel war es ein Ostergedicht, das ich schreiben musste – immer wieder gespickt mit dem fürchterlichen Wort „Barbara" (zu allem Unheil auch noch der Name meiner lieben Mutter). Ein Wort, an dem man als Erstklässler verzweifeln mag, bei dem man kein Land sieht und das leicht zu „Barabarab" oder „Barabrabra" wird – jedenfalls bei mir.

Nehmen wir an, wir diktieren einem Erstklässler das Wort „Rose". Nun kommt folgende Maschinerie in Gang:

- Frage ans Gedächtnis: „Kennst du dieses Wort? Hast du es schon oft geschrieben?"
- Lautet die Antwort: „Ja", dann gibt's kein Problem. Man kann das Wort vor seinem inneren Auge sehen und braucht es nur abzuschreiben.
- Doch leider wird die Antwort bei einem Erstklässler meist nicht positiv ausfallen.

Meistens lautet die Antwort: „Nein"

- Und dann wird's schwierig. Denn:
  - Das Kind muss nun das Wort in Silben zerlegen (also: Ro-se)
  - Nun muss es jede Silbe noch einmal in die einzelnen Laute zerlegen (also: r-o-s-e)
  - Wohlgemerkt: Das Kind zerlegt nicht in Buchstaben (also: er-o-es-e), sondern es analysiert das, was man hören kann: die Laute, so wie sie im Wort klingen
  - Dann muss es jedem Laut den passenden Buchstaben zuordnen
  - Jetzt muss es diese Buchstabenkette im Kurzzeitgedächtnis speichern

– Und nun „nur noch aufschreiben". Aber Vorsicht! Bloß nicht einen Buchstaben vergessen oder doppelt schreiben! Bloß keinen Buchstaben falsch
   herum schreiben!

Wir sehen also: Für ein Kind, das mit dem Schreiben noch wenig Erfahrung
hat, sind die meisten Wörter Neuland, müssen immer wieder neu analysiert und
erschlossen werden. Und das ist in der Tat geistige Schwerstarbeit. Wir Erwachsenen können auf das zurückgreifen, was wir über viele Jahrzehnte hinweg in unserem Langzeitgedächtnis eingespeichert haben. Die Kinder müssen
sich diesen Fundus erst mühsam erarbeiten.
Ähnlich anstrengend ist übrigens das Lesen. Auch hier wird erst das Gedächtnis durchforstet. Bleibt die Suche erfolglos, geht der Stress erst richtig los.

Noch ein Wort zum Lesen und Schreiben

Mancher mag meinen, Lesen funktioniere genauso wie Schreiben, nur eben genau umgekehrt: Während wir beim Lesen Buchstaben in Laute übersetzen,
müssen wir beim Schreiben in umgekehrter Reihenfolge Laute in Buchstaben
umwandeln. So müsste dann auch jedes Kind im Lesen genauso gut (oder so
schwach) sein wie im Schreiben.
Das ist aber ganz und gar nicht so. Die moderne Forschung belegt, dass beim
Lesen und Schreiben ganz unterschiedliche Prozesse im Gehirn ablaufen. Beim
Lesen genügt oft ein Wiedererkennen von Buchstaben-Kombinationen.

Lesen Sie doch einmal das Wort

Krokodil.

Sicher haben Sie nicht jeden einzelnen Buchstaben entziffert und das Wort
trotzdem richtig gelesen. Sie haben also markante Buchstaben-Folgen (wie
etwa das „Kro" am Anfang und das „dil" am Ende) wiedererkannt.
Wollten Sie das Wort nun aber schreiben, genügen plötzlich nicht nur diese

markanten Buchstaben-Kombinationen, sondern Sie müssen alle Buchstaben vollständig wiedergeben und dazu das Wort komplett analysieren.

Noch ein kleines Experiment: Lesen Sie doch bitte einmal das Wort

Dlrokoik.

Schwierig? Dabei haben wir nur die Buchstaben unseres Krokodils ein wenig durcheinander gewürfelt. Nun konnten Sie sich nicht an den wohlbekannten Buchstaben-Kombinationen orientieren und mussten sich durchkämpfen wie ein Erstklässler.

Lesen- und Schreibenlernen: Mühsam von einer Stufe auf die nächste

Das Lesen- und Schreibenlernen oder den Schriftspracherwerb, wie die Wissenschaftler sagen, darf man sich nicht vorstellen wie das allmähliche Ansteigen auf einer sanft nach oben geschwungenen Bergstraße. Es gleicht vielmehr dem mühsamen Ersteigen einer Treppe. Und der Unterschied zwischen Bergstraße und Treppe ist in diesem Fall gewaltig: Während man auf einer allmählich nach oben führenden Bergstraße mit vielen kleinen Schrittchen immer ein kleines Stück voran kommen kann, gilt es beim Treppensteigen immer wieder die Hürde von einer Stufe zur nächsten zu überwinden. Man kann immer erst dann die nächsthöhere Stufe erklimmen, wenn man auf der vorhergehenden Stufe sicher steht.

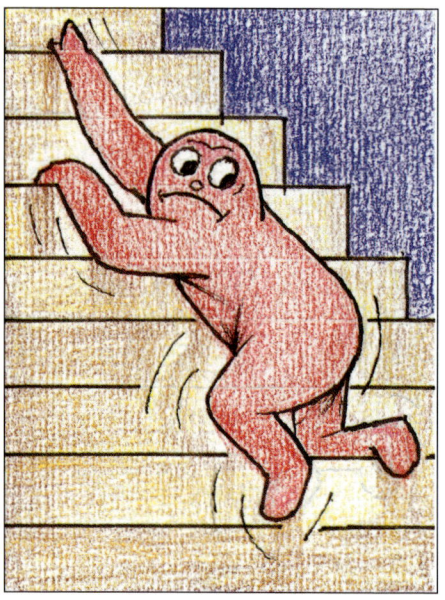

Seit dem Ende des 20. Jahrhunderts gibt es „Entwicklungsmodelle", in denen die Stufen, die ein Kind beim Lesen- und Schreibenlernen erklimmen muss, beschrieben werden. Hier die wichtigsten dieser Stufen:

Das Vorschulalter: Die Stufe der Vorbereitung auf den Schriftspracherwerb

Aus dem ersten Kapitel dieses Buches wissen wir, dass die bedeutendsten Grundlagen für den Erfolg – oder den Misserfolg – eines Kindes beim Lesen- und Schreibenlernen schon lange vor der Einschulung gelegt werden. Und so erklimmt unser Kind bereits im Vorschulalter eine erste Vorstufe zum Lesen- und Schreibenlernen.

Schon ab dem Alter von etwa drei Jahren setzen sich Kinder mit dem Klang der gesprochenen Sprache auseinander. Sie erkennen Reime (Haus – Maus) und können bald beim Singen die Silben der Wörter mitklatschen (E-le-fant). Diese Fertigkeiten sind von höchster Bedeutung für das spätere Lesen- und Schreibenlernen.

Wissenschaftler bezeichnen dieses Gespür für den Klang der gesprochenen Sprache als „phonologische Bewusstheit".

Die phonologische Bewusstheit eines Kindes kann man bereits im Vorschulalter testen und dabei herausfinden, ob dieses Kind für das spätere Lesen- und Schreibenlernen eine gute *Prognose* hat oder ob etwa das Risiko einer späteren Legasthenie besteht. Wie ein solcher Test im Vorschulalter aussieht und wer ihn zuverlässig durchführen kann, erfahren Sie in Kapitel 5.

Sollte der Vorschultest ergeben, dass für Ihr Kind ein Legasthenie-Risiko besteht, kann es durch eine gezielte spielerische *Förderung* vor der Einschulung vor diesem Schicksal bewahrt werden. Das neu entwickelte Trainingsprogramm *„Hören, lauschen, lernen"* hat großartige Erfolge erbracht und wird in Kapitel 6 vorgestellt.

Aber nicht nur das Hören und Analysieren des Gehörten (also der *auditive Kanal*) wird im Vorschulalter geübt. Auch im *visuellen* und *motorischen* Bereich (das betrifft das Sehen und Bewegen) entwickelt sich in dieser Phase vieles, was für das spätere Lesen- und Schreibenlernen grundlegend ist.

Das Kindergarten-Kind schult seine visuelle Wahrnehmung durch das Betrachten von Bildern. Es konzentriert sich auf bestimmte Details, fährt mit den Augen Linien und Formen nach. Das Kind malt und bastelt und übt damit seine Feinmotorik. Kinder ahmen das Schreiben der Erwachsenen nach, indem sie „Botschaften" auf Papier krakeln. Und sie haben sehr großes Interesse daran, ihren eigenen Namen schreiben zu können.

Die nächsten Stufen: Vom flüchtigen Erkennen zum genauen Analysieren

Dominik (5 Jahre alt) spaziert mit seiner Großmutter durch die Stadt. Und er verblüfft sie immer wieder. „Schau mal, Omi, da steht Coca Cola, und da ist Mc Donalds". Sogar das schwierige Wort „Pokémon" erkennt er in Blitzgeschwindigkeit im Schaufenster eines Spielwarenladens. Kann Dominik etwa schon lesen?

Leider nein. Auf dieser so genannten logographemischen Stufe erkennen Kinder lediglich hervorstechende Details am Schriftbild, wie zum Beispiel die beiden „Co" bei Coca Cola oder den typischen Schriftzug der amerikanischen Fast-Food-Kette. Legte man Dominik diese Logos in anderer Schrift vor, könnte er sie nicht mehr „lesen". Gäbe man ihm den Original-Schriftzug mit etlichen Schreibfehlern vor – es fiele ihm nicht auf.

Isabel (6 Jahre alt) macht ihrer Mutter Sorgen. Schon seit Kindergarten-Tagen kann sie selbstverständlich ihren Namen schreiben. Doch nun, drei Monate nach der Einschulung, scheint sie das „verlernt" zu haben. Plötzlich schreibt sie ihren eigenen Namen richtiggehend verstümmelt, bringt meist nur ein „Isal" oder „Isbl" auf das Papier. Auch braucht sie jetzt viel länger. Ein bedeutender Rückschritt in Isabels Entwicklung?

Nein, kein Rückschritt, nur der zögerliche Eintritt in die nächste Stufe. Diese **alphabetische Stufe** ist außerordentlich wichtig. Auf dieser Stufe hat das Kind begriffen, dass es einen engen Zusammenhang zwischen den Lauten der Sprache und den Buchstaben gibt. Nun hat Ihr Kind das großartige Gefühl, alle Wörter dieser Welt aufschreiben zu können.

Und nun kommt es auch zu Fehlern, die ganz typisch sind für diese Stufe: Plötzlich schreibt unser Kind seinen Namen falsch – wo es ihn doch schon seit vielen Monaten beherrscht hat. Wie lässt sich das erklären? Ganz einfach: Unser Kind malt jetzt nicht mehr einfach seinen Namen als eine Ansammlung gra-

phischer Zeichen (deren Bedeutung es früher ja gar nicht verstand) auf das Papier, sondern es beginnt den Namen zu analysieren, jeden Laut herauszuhören und als Buchstaben niederzuschreiben. Natürlich ist es anfangs darin noch nicht perfekt, vergisst oder vertauscht einiges. So muss es auf dieser frühen Stufe durchaus nicht beunruhigen, wenn Ihr Kind „MM" für „Mama" schreibt, oder lautgetreu „Wint" statt „Wind" und „Peta" statt „Peter". Diese Fehler sind normal und zeigen nur an, dass unser Kind jetzt begonnen hat, auf einer höheren Stufe zu schreiben.

Schließlich erreicht unser Kind die ***orthographische Stufe***. Und die neuen Kenntnisse auf dieser Stufe ersparen ihm etliche Mühen und Zeit. Unser Kind muss nun nicht mehr jeden Buchstaben, jeden Laut einzeln verarbeiten, sondern es hat sich häufig vorkommende Buchstaben-Kombinationen (Sie erinnern sich an das Krokodil?) gemerkt und kann diese als Einheit erkennen und verarbeiten. Solche vertrauten Buchstaben-Kombinationen sind beispielsweise die Vorsilben ver-, un- oder ent-, die Nachsilben -ung, -heit, -lich und viele mehr.

Auch auf dieser Stufe gibt es natürlich typische, ganz „natürliche" Fehler, weil Ihr Kind erst allmählich Sicherheit im Umgang mit diesen größeren Einheiten entwickelt. So entsteht ein Schreibfehler wie „Verne" statt „Ferne" nicht von ungefähr. Gerade in dieser Stufe ist es wichtig, bei Schreibfehlern nachzufragen, von welchem Wort das Kind diese Schreibung abgeleitet hat. Nun lernt das Kind auch etliche Wörter, deren Schreibung man nicht heraushören kann. Es erwirbt ein Wissen über die Regeln unserer Schriftsprache.

Klettern unsere Kinder im Gleichschritt?

Jedes Kind begibt sich ganz individuell – in Abhängigkeit von seinen eigenen Fähigkeiten und Lernerfahrungen – von einer Stufe zur nächsten. So ist es auch unmöglich, das genaue Alter anzugeben, in dem sich ein Kind typischerweise auf dieser oder jener Stufe bewegt. Natürlich ist der Lehrplan im Fach Deutsch auch an diesen Stufen ausgerichtet. So wird vor allem im ersten Schuljahr die alphabetische Schreibung gefordert. Im dritten Schuljahr wird die orthographische Stufe vorausgesetzt.

Es gibt jedoch auch immer wieder Kinder, die nicht „nach Plan klettern". Der Grund dafür muss nicht in einer ernsten Störung wie der Legasthenie liegen. Vielleicht braucht das Kind einfach etwas mehr Zeit, hat noch Entwicklungsrückstände aus dem Vorschulalter aufzuholen. Vielleicht geht aber auch die Lehrkraft zu schnell vor. Es gibt unzählige Gründe dafür, dass ein Kind Rechtschreibfehler macht, die seiner Klassenstufe nicht angemessen sind. Darum ist es wichtig, typische Fehler zu kennen, um die Probleme des Kindes einordnen zu können.

Kapitel 2: Das Wichtigste in Kürze

- Lesen und Schreiben sind hochkomplexe Leistungen und stellen große Anforderungen an die Wahrnehmung und die geistige Verarbeitung eines Kindes.
- Lesen und Schreiben sind keineswegs die zwei Seiten einer Medaille. Es gibt sehr wohl Kinder, die in einem der beiden Bereiche gut vorankommen, im anderen aber versagen.
- Lesen- und Schreibenlernen geschieht in Stufen. Die erste Stufe setzt bereits im Vorschulalter ein und gibt dem Kind außerordentlich wichtige Voraussetzungen für den Schriftspracherwerb in der Schule mit – zum Beispiel das Gespür für den Klang von Wörtern, Silben oder Reimen (phonologische Bewusstheit), aber auch visuelle und motorische Fähigkeiten.
- Die beiden weiteren Stufen sind Zeichen für die zunehmende Kompetenz Ihres Kindes beim Lesen und Schreiben. In jeder Stufe machen Kinder „typische Fehler". Die sind nicht Besorgnis erregend und verlieren sich im Laufe der weiteren Entwicklung normalerweise wieder.
- Bereits im Vorschulalter können Sie testen lassen, ob für Ihr Kind das Risiko einer Legasthenie besteht.
- Aus einem Risikokind für Legasthenie muss kein Schulversager werden. Ein neu entwickeltes und wissenschaftlich überprüftes Trainingsprogramm für den Vorschulbereich hilft die Defizite aufzuholen. Und es gibt Ihrem Kind die Chance zu erfolgreichem Lesen- und Schreibenlernen.

3

Legasthenie und Lese-Rechtschreib-Schwäche: Was verbirgt sich dahinter?

In diesem Kapitel erfahren Sie, …

- was man unter dem Begriff Legasthenie versteht
- wie man eine Legasthenie feststellen kann
- warum nicht jedes Kind,
  das Probleme mit dem Lesen- und Schreibenlernen hat,
  Legastheniker ist
- welche fatalen Folgen eine unerkannte Legasthenie
  für die Seele eines Kindes haben kann
- wie aus einer Legasthenie
  ein allgemeines Schulversagen werden kann

Was steckt eigentlich hinter der Diagnose „Legasthenie"?

„Ist Legasthenie eine Krankheit, eine Behinderung? Wie sind die Heilungschancen?
Wird mein Kind jemals einen Schulabschluss schaffen? Woher kommt so etwas?
Was haben wir falsch gemacht?"
*Fragen über Fragen schießen **Jans** Mutter durch den Kopf, als die Kinderpsychologin ihr die Diagnose mit-*

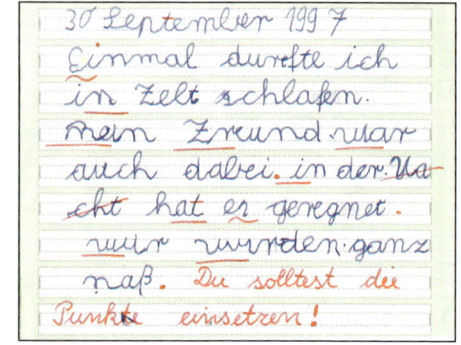

teilt: „ Wir haben bei Ihrem Sohn eine Legasthenie festgestellt. " Sicherlich wird sie beraten, denn jetzt gibt es viel zu tun: Die Schule muss informiert werden, damit die Lehrer bei der Benotung Rücksicht auf Jans Schwäche nehmen können. Die Eltern wollen sich einer Selbsthilfegruppe anschließen, um sich im Gespräch mit anderen Eltern Entlastung und Tipps zu holen. Jan soll eine Legasthenie-Therapie erhalten. Die muss beantragt und eine geeignete Stelle für die Therapie gefunden werden – und und und …

Unter Legasthenie versteht man eine ganz spezifische Schwäche beim Erlernen des Lesens und/oder Rechtschreibens bei (mindestens) durchschnittlicher Intelligenz.

Das bedeutet: Legastheniker sind keinesfalls „dumm", sie sind auch kein Fall für die Sonderschule. Sie sind normal intelligente, manchmal sogar hoch intelligente Kinder. Sie haben einen Bereich, in dem sie schwach sind (Wer hat den nicht?). Aber sie haben das Pech, dass dieser Bereich in unserer Gesellschaft, unserem Schulsystem sehr, sehr wichtig ist. Wären sie in einem anderen Kontinent geboren – vielleicht als kleine Chinesen – wohl niemand würde diese Schwäche überhaupt bemerken.

Versagen ohne erkennbaren Grund

Neben einer normalen Intelligenz ist für die Diagnose einer Legasthenie weiterhin wichtig, dass keine erkennbaren Gründe für das Versagen beim Lesen- und Schreibenlernen vorliegen – wie zum Beispiel ein Seh- oder Hörfehler oder eine „unzureichende Beschulung" – wie sie etwa dann vorliegt, wenn ein Kind krankheitsbedingt nur selten am Unterricht teilnehmen kann. Natürlich darf auch keine psychiatrische Erkrankung (zum Beispiel Schizophrenie) oder eine große psychische Belastung (etwa Trennung der Eltern) als Ursache für das Versagen des Kindes in Frage kommen.

Einfach ausgedrückt handelt es sich also bei der Legasthenie um ein *unerklärliches* isoliertes Versagen im Erlernen des Lesens und Rechtschreibens.

Und wenn sich doch eine Erklärung für das Versagen finden lässt?

Neben diesem *unerklärlichen* Versagen beim Lesen- oder Schreibenlernen ist auch ein *„erklärliches"* Versagen denkbar – und das ist von einer Legasthenie abzugrenzen. Stellen wir uns einmal vor, ein Kind ist im ersten Schuljahr sehr lange krank – hier entstehen natürlich große Lücken im Schulstoff, und Lernprobleme sind oft unausweichlich. Ähnlich wird es einem Kind ergehen, das beispielsweise durch die Trennung seiner Eltern psychisch stark belastet ist – dieses Kind ist sicherlich nicht aufnahmebereit für das Lernangebot in der Schule. Auch ein früher Schulwechsel – etwa durch einen Umzug der Familie – kann einen solchen Belastungsfaktor darstellen, der dem Kind einen reibungslosen Schriftspracherwerb erschwert.

Diese und noch viele weitere „besondere Lebensumstände" können Ursachen für Probleme beim Lesen- und Schreibenlernen sein. In der Regel verschwinden diese Lernprobleme allmählich, wenn sich die Belastungssituation des Kindes entspannt. Wir sprechen darum in diesen Fällen von *„vorübergehen-*

der Lese-Rechtschreib-Schwäche" und nicht von einer echten Legasthenie. Eine solche „vorübergehende Lese-Rechtschreib-Schwäche" kommt bei etwa 10 % unserer Kinder vor.

Was ist bei unterdurchschnittlicher Intelligenz?

Noch eine weitere Gruppe von Kindern hat Lese-Rechtschreib-Probleme – und auch die gehören nicht in die Kategorie der Legastheniker. Das sind nämlich Kinder mit einer *„allgemeinen Minderbegabung".* Hier handelt es sich um Kinder, deren Intelligenz im Grenzbereich liegt. Sie sind nicht so schwach begabt, dass sie in einer Schule zur individuellen Lernförderung (früher: Sonderschule) gut aufgehoben wären. Ihre intellektuelle Grundausstattung reicht jedoch auch nicht aus, dass sie in der Regelschule problemlos mithalten können.

Diese Kinder haben aber nicht nur beim Lesen und Schreiben Probleme. Ihnen bereiten alle Bereiche des schulischen Lernens und Arbeitens erhebliche Probleme – meist über die gesamte Schulzeit hinweg. Wir sprechen in diesem Fall von einer *„allgemeinen Lese-Rechtschreib-Schwäche".* Diesen Kindern ist zu wünschen, dass sie in der Regelschule vermehrt sonderpädagogischen Beistand und Förderung erhalten.

Die „echte" Legasthenie

Von einer *Legasthenie,* die den eingangs genannten strengen Kriterien (mindestens durchschnittliche Intelligenz, überdauernde Probleme beim Schriftspracherwerb, für die keine äußeren Ursachen auffindbar sind) genügt, sind etwa 4 % unserer Schulkinder betroffen. Statistisch gesehen sitzt demnach in jeder Schulklasse mit durchschnittlich 25 Schülern ein legasthenes Kind. Die Tatsache, dass Jungen etwa dreimal so häufig betroffen sind wie Mädchen, mag an geschlechtstypischen Unterschieden liegen: Mädchen sind den Jungen generell in der sprachlichen Entwicklung überlegen (Jungen sind dafür in anderen Bereichen, zum Beispiel der räumlichen Vorstellung, den Mädchen voraus).

Wie wird eine Legasthenie festgestellt?

Ein Wort vorweg: Kein Lehrer – auch nicht der erfahrenste und engagierteste – kann eine Legasthenie sozusagen auf den ersten oder zweiten Blick bei einem seiner Schüler *diagnostizieren*. Sicher kann ein wachsamer Lehrer aber *Hinweise* auf das Vorliegen einer Legasthenie finden und die Eltern ermutigen, diesen Hinweisen nachzugehen und ihr Kind fachärztlich untersuchen zu lassen. Vor allem: Kein Lehrer kann zweifelsfrei feststellen, dass ein Kind *kein Legastheniker* ist. Und doch hört man oft, dass Lehrer bestreiten, ein Kind könne Legastheniker sein (*„Denn er macht ja keine typischen Fehler"*).

Tatsächlich glaubte man lange, dass Legastheniker immer ganz typische Fehler machen – etwa das Verwechseln von „b" und „d" oder „p" und „q" oder das Vertauschen der Reihenfolge von Buchstaben (etwa „Rabne" statt „Raben"). Sicher unterlaufen legasthenen Schülern unter anderem auch solche Fehler. Aber bei der Vielzahl der Fehlertypen, mit denen sich Legastheniker plagen müssen, gibt es keine so genannten „typischen Fehler".

Legastheniker machen keine „typischen Rechtschreibfehler". Sie machen nur wesentlich mehr Fehler als andere Kinder.

Legastheniker haben auch kein „stabiles Fehlerprofil". Das heißt: *Sie machen nicht immer die gleichen Fehler*. Ein Wort, das *heute falsch* geschrieben wird, kann morgen *auf ganz andere Weise falsch* geschrieben werden. Und übermorgen kann das Wort sogar *richtig* geschrieben werden, wobei keinerlei Garantie besteht, dass mein Kind nicht am folgenden Tag einen *ganz anderen Fehler* in dieses Wort „einbaut".

Für eine Mutter, die Tag für Tag übt und hofft, dass all diese Mühen endlich Früchte tragen, dass das Kind doch einmal behält, was man stundenlang gepaukt hat, ist eine solche Situation natürlich zum Verzweifeln. Und manchmal fragt sie sich wahrscheinlich insgeheim: *„Ist mein Kind vielleicht tatsächlich zu dumm zum Schreiben?"*

Wie wir schon gehört haben, ist mangelnde Intelligenz bei einem Legastheniker sicher nicht die Ursache der Lernprobleme. Denn es ist ja gerade der große Unterschied zwischen der guten Intelligenz des Kindes und seinen schwachen Leistungen im Lesen oder Schreiben, die diese Störung definieren.

Gleich vorweg: Die typischen Legasthenie-Ursachen gibt es nicht. Legasthenie ist nicht vergleichbar mit einer Krankheit aus dem Bereich der Medizin (zum Beispiel einem Herzinfarkt), die bei jedem Patienten immer die gleichen Ursachen hat und auch immer die gleichen Symptome hervorruft. Legasthenie macht keine typischen Symptome (also Rechtschreibfehler) – und sie hat auch keine einheitlichen Ursachen.

Wer oder was ist schuld an einer Legasthenie?

Die wissenschaftliche Klärung der Faktoren, die an der Entstehung einer Legasthenie beteiligt sind oder sein können, ist noch im Fluss. Eines aber ist sicher: Bei jedem Kind gibt es für die Legasthenie ein ganzes Bündel individueller Ursachen. Diese Ursachen sind *biologischer Natur* und hängen mit der *Reifung des zentralen Nervensystems (ZNS)*, also mit der Hirnentwicklung, zusammen. Durch Besonderheiten oder Anomalien in der Reifung des ZNS werden bestimmte Funktionen (etwa im Bereich der visuellen oder sprachlichen Verarbeitung) nur eingeschränkt ausgebildet. Erst das Zusammenfallen verschiedener solcher „Teil-Leistungsschwächen" führt dann dazu, dass ein Kind für das Lesen- und Schreibenlernen unzureichend ausgestattet ist.

Doch worin liegen nun die eigentlichen Ursachen für diese biologischen Besonderheiten der Legastheniker? Hier gibt es zum einen den **genetischen Faktor**. Wir finden bei etwa 40% unserer legasthenen Kinder im näheren familiären Umfeld weitere Personen, die ebenfalls gravierende Probleme mit dem Schriftspracherwerb haben oder hatten. Vererbt wird hier nicht die Legasthenie an sich, sondern die „Disposition", also eine erhöhte „Anfälligkeit" für Störungen im schriftsprachlichen Bereich. Als zweite Ursache für die biologischen Auffälligkeiten kommen **Schädigungen im Mutterleib oder im zeitlichen Umkreis der Geburt** in Frage.

Auch die **Umwelt** – in diesem Falle die Anregung der Sprachentwicklung durch das Elternhaus, die Förderung des Interesses, der Motivation und der Kompetenz im Umgang mit Sprache und Schriftsprache – spielt (wie immer in der menschlichen Entwicklung) eine Rolle. Jedoch sind diese Einflüsse lediglich von *zusätzlicher* Bedeutung. So kommt es nicht von ungefähr, dass auch Kinder, die in einem sprach- und lesebegeisterten Umfeld aufwachsen und hier optimale Anregung und Förderung erfahren, eine Legasthenie ausbilden können. Andererseits gelingt es Kindern, die in ihrer Entwicklung mit sehr wenig förderlicher Anregung von außen auskommen müssen, glücklicherweise vielfach, mit dem Lesen- und Schreibenlernen gut zurechtzukommen.

**Wenn Ihr Kind eine Legasthenie ausbildet,
ist das mit Sicherheit nicht allein darauf zurückzuführen,
dass Sie zu wenig oder falsch geübt hätten.**

So kann es für Ihr Kind fatal sein, wenn Sie – obwohl der Erfolg ausbleibt –
weiter und weiter üben. Sollte der geringste Verdacht bestehen, dass Ihr Kind
speziell mit dem Lesen und Schreibenlernen nicht zurechtkommt, führt kein
Weg an einer gezielten Diagnostik beim Schulpsychologen bzw. beim Facharzt
für Kinder- und Jugendpsychiatrie vorbei.

Was tun bei Legasthenie-Verdacht?

Legasthenie-Verdacht sollten Sie nicht erst dann schöpfen, wenn's im dritten oder vierten Schuljahr Fünfen und Sechsen im Diktat hagelt. Verlassen Sie sich schon in den ersten Schuljahren auf Ihren Eindruck: Lesen Sie das erste Jahreszeugnis genau – auch zwischen den Zeilen. Steht da, dass Ihr Kind auch weiterhin fleißig üben muss, um mit den Lernwörtern oder dem flüssigen Lesen zurechtzukommen? Steht unter den meisten Nachschriften, Ihr Kind solle noch mehr üben? Haben Sie bei all dem das Gefühl *„Mehr üben geht doch gar nicht mehr"*?

Verlassen Sie sich nicht auf den „Knoten", der irgendwann „platzen" wird. Zwingen Sie Ihr Kind und sich selbst nicht zum täglichen (erfolglosen) Üben. Holen Sie sich Gewissheit. Je weniger Druck und Misserfolg Ihr Kind erleiden muss, umso weniger werden seine Persönlichkeit und sein Selbstwertgefühl angegriffen.

Natürlich werden Sie als erstes untersuchen lassen, ob Ihr Kind richtig hört und sieht. Das Hören testet der HNO-Arzt, eine weiterführende Diagnostik ist in der Pädaudiologie möglich. Auch Störungen des Sehens müssen natürlich frühzeitig erkannt werden. Augenveränderungen verursachen zwar keine Legasthenie, aber es gibt Veränderungen der Augen, die eine Schwäche beim Lesen zur Folge haben und damit eine Legasthenie vortäuschen können. Deshalb sollte eine genaue augenärztliche Untersuchung erfolgen mit Überprüfung der Akkommodationsbreite (= Nahsehen).

Was testet der Kinder- und Jugendpsychiater?

Eine Untersuchung auf Legasthenie beinhaltet zwei Bereiche: den medizinischen und den psychologischen. Im Rahmen der **medizinischen Diagnostik** wird unter anderem die körperliche Entwicklung des Kindes begutachtet. Zum Beispiel wird die Hirnaktivität über ein EEG erfasst. Insgesamt soll über diesen medizinischen Teil der Untersuchung geklärt werden, ob sich bestimmte körperliche (neurologische, physiologische etc.) Ursachen für das Lernproblem erkennen lassen.

Die **psychologische Diagnostik** besteht im Wesentlichen aus der Durchführung psychologischer Tests. Hier wird zum einen die Intelligenz des Kindes überprüft, dann natürlich die Leistungen im Rechtschreiben und Lesen. Notfalls wird auch die Konzentrationsleistung noch gesondert überprüft. Solche Tests geben objektive Informationen über den Leistungsstand eines Kindes. Denn sie wurden an sehr großen, repräsentativen Stichproben „geeicht" und erlauben es deshalb, die individuelle Leistung eines Kindes vor dem Hintergrund dieses Bezugsrahmens einzuordnen.

Testergebnisse werden in Prozenträngen (PR zwischen 0 und 100) angegeben. Der Rang gibt den Prozentsatz von Kindern gleicher Klassenstufe an, die in diesem Test gleich gut oder schwächer abschneiden. Erzielt ein Kind beispielsweise einen Prozentrang von PR = 10, bedeutet das, dass 90 % der Kinder dieser Klassenstufe besser abschneiden als dieses getestete Kind. Mit einem PR = 50 liegt ein Kind dementsprechend genau im Mittelfeld und erbringt eine durchschnittliche Leistung.

Was geschieht beim Intelligenz-Test?

Es gibt viele verschiedene Testverfahren zur Feststellung der Intelligenz und Ermittlung des Intelligenz-Quotienten eines Kindes. In den ausführlichen Verfahren, deren Durchführung mehrere Stunden dauert, werden viele verschiedene Aspekte der Intelligenz-Leistung gründlich überprüft (sprachliche Intelligenz und Intelligenz im angewandt-praktischen Bereich im HAWIK-III, bzw. folgerichtiges und ganzheitliches Denken in der K-ABC). Die Kinder sollen hier bei einer Reihe unterschiedlichster Aufgaben neuartige Probleme lösen.

Daneben gibt es noch einfachere, kürzere Tests (zum Beispiel CFT), die nur spezielle, eingeschränkte Aspekte der Intelligenz (zum Beispiel schlussfolgerndes Denken) messen.

Begriffs-Erläuterung:

- HAWIK-III: Hamburg-Wechsler-Intelligenztest für Kinder, 3. Fassung
- K-ABC: Kauffmann Assessment Battery for Children
- CFT 1: Culture Fair Intelligence Test, Skala 1

Selbstverständlich ist bei der Überprüfung der Intelligenz den ausführlichen Verfahren der Vorzug zu geben, weil diese neben dem IQ (Intelligenz-Quotient) noch viele weitere Informationen über die intellektuelle Grundausstattung des Kindes liefern. Das Ausmaß an Intelligenz, über die eine Person verfügt, wird meist als IQ angegeben. Hier liegt der „Normalbereich" zwischen 85 und 115, der genaue Mittelwert beträgt 100. Natürlich gibt es auch Intelligenz-Quotienten unter 85, hier sprechen wir von Minderbegabung. Bei einem IQ über 115 nähern wir uns dem Bereich der Hochbegabung.

Was geschieht beim Rechtschreibtest?

Die Rechtschreibkompetenz eines Kindes wird meist mit so genannten Lückentexten überprüft. Hier soll das Kind diktierte Wörter eintragen. Die Wörter sind dabei nach Schwierigkeitsgrad, Fehlerträchtigkeit und sonstigen Kriterien ausgewählt, sodass die Auswertung nicht nur *quantitative* Ergebnisse liefert (*„Wie gut ist mein Kind im Rechtschreiben?"*), sondern auch *qualitative* Angaben (*„Wo liegen die Fehlerschwerpunkte meines Kindes?"*).

Was geschieht beim Lesetest?

Es gibt große Unterschiede zwischen den einzelnen Tests. Denn beim Lesen lassen sich verschiedenste Aspekte der Lesefertigkeit prüfen: lautes Vorlesen, leises Lesen, Lesegeschwindigkeit, Lesegenauigkeit etc. . Hier gilt es zu bedenken, dass das leise Lesen der „natürlichen Lesesituation" am ähnlichsten ist. Außerdem ist in der deutschen Sprache die Lesegeschwindigkeit eines Kindes wesentlich aussagekräftiger als die Lesegenauigkeit (also die Angaben über die Lesefehler, die ein Kind macht).

Was sagen uns die Test-Ergebnisse?

Durch die psychologische Diagnostik erhalten wir Informationen über die intellektuelle Grundbegabung des Kindes und darüber, wie das Kind in verschiedenen Leistungsbereichen abschneidet. Zwei Beispiele sollen verschiedene Befundbilder verdeutlichen:

*Bei **Timo** (3. Klasse) wurde ein IQ von 98 festgestellt, er ist demnach durchschnittlich intelligent. Im Rechtschreiben erzielt er einen Prozentrang von 54, diese Leistung liegt ebenfalls im Durchschnittsbereich. Intelligenz und Rechtschreibleistung passen also gut zusammen. Es ist keine überraschende Diskrepanz zwischen Intelligenz und Rechtschreibleistung feststellbar.*

***Jana** (3. Klasse) ist mit einem IQ von 104 ebenfalls durchschnittlich intelligent. Im Rechtschreiben erreicht sie jedoch lediglich einen Prozentrang von 7. Im Lesen liegt der Prozentrang bei 9. Außerdem wurde noch ein Mathematik-Test durchgeführt. Hier schnitt Jana mit einem Prozentrang von 48 wieder durchschnittlich ab. Hier zeigt sich ein drastischer Unterschied zwischen Janas Intelligenz und ihren Leistungen im Lesen und Schreiben. Außerdem finden wir noch eine große Diskrepanz zwischen ihrer Lese-Rechtschreib-Leistung und ihrer Mathematik-Leistung. Jana hatte schon seit der ersten Klasse große Probleme im Lesen und Rechtschreiben. Diese Befunde sprechen für eine Legasthenie.*

Jana leidet sehr unter ihrem ständigen Versagen beim Lesen und Schreiben. Die Probleme wurden von Jahr zu Jahr schlimmer. Während es zu Beginn der ersten Klasse „nur“ die Lese- und Schreibübungen waren, bei denen sie versagte, kamen allmählich die Proben in Heimat- und Sachkunde als große Hürde hinzu: Meist konnte sie die schriftlich gestellten Fragen nicht lesen, geschweige denn ihr Wissen schriftlich aufs Papier bringen. Dann kamen die Sachaufgaben in Mathematik. Jana hätte zwar die Rechnung spielend gekonnt, aber sie konnte ja noch nicht einmal die Aufgabe verstehen. So war die Lage:

Jana war in Heimat- und Sachkunde schwach, obwohl die Themen sie brennend interessierten, Jana war in Mathematik schwach, obwohl sie gern und gut rechnete – und all das nur, weil sie in einem Bereich tatsächlich sehr schwach war: im Lesen und Schreiben. Aus Jana wurde allmählich eine Schulversagerin. Sie war in allen Kernfächern abgesackt, und eine Klassenwiederholung stand bevor. Welche Perspektive hat sie?

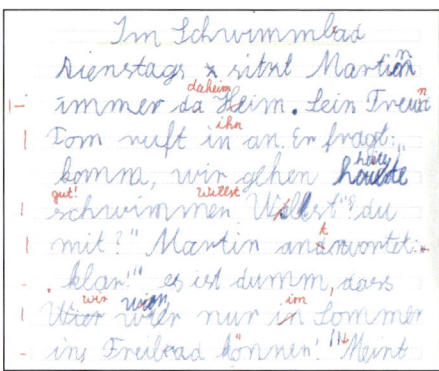

Was wird aus Legasthenikern?

Wie wir schon gehört haben, verwachsen sich die Lese-Rechtschreib-Probleme eines Legasthenikers nicht. Wissenschaftliche Untersuchungen zeigen, dass die Leistungen im Lesen und Rechtschreiben sehr stabil sind. Das heißt: Die Kinder, die beispielsweise im zweiten Schuljahr die Schwächsten der Klasse sind, werden es auch in der 8. Klasse sein. Die Kinder, die zu Beginn der Grundschulzeit die langsamsten Leser und Schreiber mit den meisten Fehlern sind, werden es mit großer Sicherheit auch noch zum Ende ihrer gesamten Schulzeit sein.

Sicherlich können Legastheniker, wenn sie die Schulzeit hinter sich gebracht haben, beruflich (und sicher auch privat) einer Beschäftigung mit Schriftsprache erfolgreich aus dem Weg gehen. Sie werden also nicht in Büros oder Ämtern zu finden sein. Trotzdem muss es uns zu denken geben, dass eine wissenschaftliche Untersuchung zu dem Ergebnis kam, dass 26 % der über viele Jahre beobachteten Legastheniker mit 26 Jahren arbeitslos waren. Außerdem finden wir bei Legasthenikern ein deutlich erhöhtes Risiko, straffällig zu werden und sich somit als Erwachsene am Rande unserer Gesellschaft zu bewegen.

Legastheniker finden keinen Platz

Legastheniker sind von „Ausgliederung" bedroht: In der Grundschule werden sie nicht selten gehänselt, zu Unrecht getadelt, mit Üben bestraft, bleiben trotzdem „sitzen". Später bleibt ihnen unter Umständen trotz hoher Intelligenz der Übertritt in eine höhere Schule verwehrt. Sicher wird niemand widersprechen, wenn gefordert wird, jedes Kind solle gemäß seiner Begabung (womit gemeinhin die Intelligenz gemeint ist) Zugang zu einer bestimmten Schulart finden. Wie lässt es sich jedoch begründen, wenn einem ausnehmend intelligenten Kind der Zugang zum Gymnasium verwehrt bleiben soll? Wenn es selbst in der Regelschule falsch zu sein scheint? Wenn es sich schließlich selbst für zu dumm hält, um in dieser Gesellschaft seinen Platz zu finden? Legastheniker finden keinen Platz. Darum brauchen sie unsere Hilfe – möglichst früh.

Kapitel 3: Das Wichtigste in Kürze

- Legasthenie ist eine ganz spezifische (isolierte) Schwäche normal intelligenter Kinder beim Erlernen des Lesen- und Schreibens, ohne dass für dieses Versagen eine äußere Ursache erkennbar wäre (wie zum Beispiel eine Seh- oder Hörschwäche, eine starke psychische Belastung oder Ähnliches).

- Legasthenie ist nicht selten. Statistisch gesehen sitzt in jeder Schulklasse durchschnittlich ein legasthenes Kind.

- Die Lehrkraft kann wertvolle Hinweise für einen Legasthenie-Verdacht geben. Sie kann jedoch keine Legasthenie zweifelsfrei diagnostizieren. Und vor allem: Sie kann nicht feststellen, dass ein Kind keine Legasthenie hat.

- Die sichere Diagnose einer Legasthenie stellt der Facharzt für Kinder- und Jugendpsychiatrie, der Schulpsychologe oder der Kinderpsychologe.

- Zur Untersuchung auf Legasthenie gehört neben einer körperlichen Untersuchung eine psychologische Diagnostik. Hier werden ein ausführlicher Intelligenz-Test und Lese- und Rechtschreibtests eingesetzt. Vielfach ist auch die Konzentrationsleistung des Kindes zu überprüfen. Der Facharzt oder Psychologe stellt auch fest, wie stark das Kind durch das ständige Versagen schon psychisch belastet ist.

- Die Mär von den Rechtschreibfehlern, die für eine Legasthenie typisch sein sollen, gehört der Vergangenheit an. Legastheniker machen keine typischen Fehler. Sie machen lediglich viel, viel mehr Fehler als andere Kinder, weil sie sich beim Lesen und Schreiben in einer Überforderungssituation befinden.

- Eine Legasthenie ist die Folge von Teil-Leistungsschwächen mit biologischen Ursachen, die mit Vererbung und der Entwicklung im Mutterleib und um den Zeitpunkt der Geburt zusammenhängen. Die Förderung des Kindes durch die Eltern hat dagegen einen geringeren Einfluss. Eltern haben nicht Schuld an der Legasthenie ihres Kindes.
- Legastheniker haben in der Regel in beruflicher wie in sozialer Hinsicht eine schlechte Prognose. Sie können sich vielfach im Beruf weniger qualifizieren als andere, sind stärker von Arbeitslosigkeit betroffen und werden häufiger straffällig als Personen, die die Schulzeit und somit einen Großteil ihrer Kindheit weniger sorgenvoll und frustrierend erlebt haben. Legastheniker brauchen Hilfe – möglichst früh.

4

Lesen- und Schreibenlernen beginnt nicht erst in der Schule

In diesem Kapitel erfahren Sie, …

- auf welche Fundamente Ihr Kind
  beim Lesen- und Schreibenlernen baut
- welche die wichtigsten „Vorläufer-Merkmale"
  für den Schriftspracherwerb sind
- was man unter „phonologischer Bewusstheit" versteht –
  und wie wichtig sie für das Lesen- und Schreibenlernen ist
- wie in wissenschaftlichen Untersuchungen
  die Erfolge einer Frühförderung in phonologischer Bewusstheit
  nachgewiesen wurden

Frage an die Wissenschaft: Kann man Schulerfolg vorhersagen?

Lena ist im Januar sechs Jahre alt geworden und wird kommenden September eingeschult. Hat sie alles, was sie braucht? Sie ist ein aufgewecktes Kind. Die Erzieherinnen loben, wie reif sie schon sei, wie gut sie in der Gemeinschaft zurecht komme, wie aktiv und konzentriert sie im Stuhlkreis mitmache, wie geschickt sie schon male und schneide. Lena zählt schon bis 50, sie rechnet auch schon bis 10. Selbstverständlich schreibt sie ihren Namen, auch den ihrer Schwester und ein paar kleine Wörter. Und sie freut sich riesig auf die Schule, ist hoch motiviert, kann es kaum erwarten, Hausaufgaben zu bekommen. Reicht das als Garantie für einen guten Start?

Wir alle kennen das: Wie gern möchte man doch in die Zukunft blicken können, heute schon wissen, was morgen kommen wird. Sterndeuter, Wahrsagerinnen und Versicherungen verdienen daran, dass wir uns nach Möglichkeit absichern wollen vor unliebsamen Überraschungen. Und natürlich interessiert uns die Zukunft unserer Kinder. Wir haben sie vom ersten Atemzug an begleitet, laufen und stolpern sehen. Und wir wollen ihnen vor allem in Bezug auf die Schule – den Ernst des Lebens – möglichst frühzeitig alle Stolpersteine aus dem Weg räumen.

Seit Anfang der achtziger Jahre wurde das Thema „Vorhersage des Schulerfolgs" insbesondere in Bezug auf das Lesen- und Schreibenlernen in vielen Ländern intensiv erforscht. Diese Forschung verlief auch im deutschsprachigen Raum sehr erfolgreich. Und es ist noch gar nicht so lange her, dass die ersten Früchte dieser wissenschaftlichen Untersuchungen in die Praxis drangen und hier ganz neue Möglichkeiten für den Alltag schufen.

Die neuen Erkenntnisse betreffen

- **die Früherkennung von Kindern mit Legasthenie-Risiko**
- **die Frühförderung dieser Risiko-Kinder zur Legasthenie-Vorbeugung**

Wissenschaftliche Studien zur Vorhersage des Erfolges beim Lesen- und Schreibenlernen werden in Form von *Längsschnitt-Untersuchungen* durchgeführt. Das bedeutet, dass mehrere hundert Kinder vom Kindergartenalter bis weit in die Grundschulzeit hinein von Forschern begleitet und in diesem Zeitraum immer wieder getestet werden. Durch diese kontinuierliche Begleitung können die Forscher bei jedem Kind seine individuelle Entwicklung festhalten.

Und so laufen solche Studien ab:

Im Kindergartenalter werden zahlreiche Fähigkeiten gemessen, die für den Schriftspracherwerb von Bedeutung sind – zum Beispiel:
● Visuelle Fähigkeiten:
  Wie genau und sicher nimmt das Kind bestimmte Formen wahr?
  Kann es sich auf Bildausschnitte konzentrieren?
● Motorische Fertigkeiten:
  Kann das Kind größere und feine Bewegungen sicher ausführen?
● Auditiv-sprachliche Fähigkeiten:
  Wie genau nimmt das Kind Sprache wahr?
  Kann es ähnlich klingende Laute unterscheiden – zum Beispiel /m/ und /n/?
● Die Funktion des Gedächtnisses:
  Kann sich das Kind kurzfristig etwas merken?
  Kann es sicher über Wissen verfügen, das es vor langer Zeit eingespeichert hat?

Diese Fähigkeiten und Fertigkeiten nennt man **Vorläufer-Merkmale**. Denn sie gehen dem späteren Lesen- und Schreibenlernen voraus und stellen wichtige Vorboten dar.
Im Schulalter werden dann die Lese- und Rechtschreibleistungen dieser Kinder getestet, und die Forscher errechnen den Zusammenhang (die Korrelation) zwischen den Fähigkeiten im Vorschulalter (Vorläufer-Merkmalen) und den Schulleistungen. Nun kann man auch erkennen, welche vorschulischen Fähig-

keiten am sichersten und am genauesten die späteren Schulleistungen vorhersagen. Ein Risiko für eine Legasthenie bestünde also dann, wenn ein Kind im Vorschulalter hinsichtlich eines *bedeutenden* Vorläufermerkmals ganz schwach abschneidet.

Wozu brauchen wir diese Untersuchungen?

Schon der gesunde Menschenverstand verrät uns einige Fähigkeiten, die mit Sicherheit von grundlegender Bedeutung für den Erfolg – oder den Misserfolg – unseres Kindes beim Lesen- und Schreibenlernen sein werden.

So nehmen wir an, dass unser Kind insgesamt „sprachlich fit" sein muss, also einen guten Wortschatz und einen guten Ausdruck braucht, dass es vollständige Sätze bilden sollte und natürlich auch alle Laute fehlerfrei aussprechen kann. Dann gehen wir davon aus, dass es eine gute visuelle Ausstattung braucht. Es sollte also gut und genau sehen können, sich auf Gesehenes konzentrieren können, Formen erkennen und sich merken. Und schließlich sollte die Zusammenarbeit zwischen Augen und Hand – die sogenannte Visuomotorik – funktionieren, was sich im Vorschulalter beispielsweise schon beim Malen oder beim Hantieren mit ganz feinen Materialien, wie Perlen oder Bastelzutaten, zeigt. Auch das genaue Hören ist natürlich von großer Bedeutung. Denn das Kind wird später nur das aufschreiben können, was es sicher und fehlerlos wahrnimmt.

All diese – und noch unzählige weitere – Fähigkeiten und Fertigkeiten sind natürlich von Bedeutung für den Erfolg, den unser Kind später einmal in der Schule haben wird. Aber was nützt uns eine Fülle wichtiger Faktoren, wenn wir nicht wissen, *wie* wichtig die einzelnen sind?

Vielleicht ist eine einzige Fähigkeit die wichtigste von allen. Und wenn die nicht da ist, „läuft gar nichts". Vielleicht lässt sich aber auch das Fehlen einer bestimmten Fähigkeit verschmerzen oder kompensieren, wenn dafür eine andere gut ausgebildet ist. Fragen über Fragen, für deren spontane Beantwortung unser gesunder Menschenverstand allein nun einmal nicht ausreicht. Und mit genau diesen Fragen setzt sich die moderne Forschung auseinander.

Wie wichtig ist welche Fähigkeit?

Es geht also um die *relative Bedeutung* der einzelnen Fähigkeiten. So zeigte sich in vielen Untersuchungen, dass die meisten dieser oben genannten Fähigkeiten unspezifisch wirken. Das heißt: Sie sagen zwar den Schulerfolg im Großen und Ganzen vorher, aber sie erlauben keine Vorhersage für einen bestimmten Leistungsbereich oder für ein bestimmtes Fach.

So ist beispielsweise die visuelle Wahrnehmung eines Kindes für viele Bereiche des späteren Schulerfolges wichtig: Lesen, Schreiben, aber auch für die Leistungen in Mathematik – oder ganz allgemein dafür, wie unser Kind sich auf Arbeitsblättern zurechtfindet, wie es Informationen aus einem Tafelbild verarbeiten kann. Denn nicht für alle Kinder sind hübsch ausgestaltete Arbeitsblätter und komplexe Tafelbilder eine Hilfe. Gerade Kinder mit Schwächen in der visuellen Wahrnehmung erleben grafische Darstellungen häufig als unüberschaubaren Wirrwarr und finden sich überhaupt nicht darauf zurecht. Für diese Kinder stellt die in der Schule so intensiv betriebene „Visualisierung" eher eine unüberwindbare Hürde beim Verstehen dar.

Wenn also unser Vorschulkind Probleme mit der visuellen Wahrnehmung hat, wissen wir nicht, in welchen schulischen Bereichen es später einmal Schwierigkeiten bekommen wird: vielleicht im Lesen und Schreiben, vielleicht im Rechnen, vielleicht aber auch in gar keinem Fach – dann nämlich, wenn es diese Schwächen mit anderen, spezifischen Fähigkeiten ausgleichen kann.

Unspezifische Faktoren helfen uns also wenig für die gezielte Vorhersage späterer Problembereiche. Und vor allem sind sie kaum für eine gezielte Förderung im Vorschulalter zu gebrauchen. Für eine vorschulische Förderung brauchen wir Fähigkeiten, die einen ganz engen, ganz spezifischen Zusammenhang zu der Leistung haben, die später in der Schule vom Kind gefordert wird. Wenn wir diese spezifischen Vorläuferfertigkeiten im Vorschulalter verbessern, stehen die Chancen sehr gut, dass unser Kind das Risiko, in einem bestimmten Fach zu versagen, überwindet.

Die bedeutendsten Vorläufer-Merkmale des Lesen- und Schreibenlernens

Hier werden nun die Fähigkeiten vorgestellt, die sich in zahlreichen großen wissenschaftlichen Untersuchungen als wichtigste Vorläufer-Merkmale des Lesens und Schreibens erwiesen haben.

Vorweg noch eine Begriffsklärung. Wir unterscheiden grundsätzlich zwischen *Fähigkeiten* und *Fertigkeiten:*

- Unter **Fähigkeiten** verstehen wir geistige Grundfunktionen – eine Art geistige Grundausstattung, die das Kind zum Lösen von Problemen, zum Verstehen und Lernen befähigt. Natürlich sind diese Grundfunktionen nicht nur durch die genetische Ausstattung, sondern auch durch Umwelt-Einflüsse bestimmt.

- **Fertigkeiten** dagegen sind Techniken, Kenntnisse oder Wissen, die dem Kind von seiner Umwelt mitgegeben werden. Unter Umwelt verstehen wir hier zum einen die Eltern, die ihr Kind fördern, ihm Dinge erklären und ihm etwas beibringen, dann natürlich den Kindergarten, in dem die Kinder gezielt gefördert werden und schul- und lebensrelevante Fertigkeiten mitbekommen (wie Malen, soziales Verhalten usw.) – und schließlich die Schule, in der zum Beispiel Kultur- Techniken wie Lesen, Schreiben und Rechnen als Fertigkeiten vermittelt werden.

In der pädagogisch-psychologischen Forschung haben sich folgende Fähigkeiten und Fertigkeiten als bedeutendste Vorläufer-Merkmale des Schriftspracherwerbs erwiesen:

- **Intelligenz**
- **Frühe Schriftkenntnis**
- **Visuelle Aufmerksamkeit**
- **Gedächtnis**
- **Phonologische Bewusstheit**

Die Intelligenz

Zweifellos beeinflusst die Intelligenz den Schulerfolg eines Kindes und damit natürlich auch seine Fortschritte beim Lesen- und Schreibenlernen. Es kommt nicht von ungefähr, dass im Rahmen der Bildungsberatung immer auch ein Intelligenz-Test eingesetzt wird – zum Beispiel bei der Frage, welche Schule für ein Kind geeignet ist. Die Intelligenz stellt gewissermaßen die geistige Grundausstattung, auf die ein Kind beim Lernen zurückgreifen kann.

Wagen wir den Vergleich mit einem Auto: Hier wären der Motor und seine PS-Stärke in etwa vergleichbar mit der Intelligenz beim Menschen. Aber wir alle wissen, dass bei einem Autorennen bei weitem nicht die PS-Stärke des Fahrzeugs allein bestimmt, welcher Fahrer als erster durchs Ziel geht. Weitere Faktoren, wie Zusammenspiel der gesamten technischen Ausstattung, Fahrstil und Einsatz des Fahrers – oder auch einfach die Frage, ob dem Fahrer diese oder jene Rennstrecke „gut liegt" – können über Sieg oder Niederlage entscheiden.

Zurück zum Kind: Auch das intelligenteste Kind kann beim Lesen- und Schreibenlernen scheitern, wenn ein wichtiges Detail seiner „Ausstattung" nicht stimmt. Ebenso können sich weniger begabte Kinder durchaus zu guten Lesern und Rechtschreibern entwickeln.

Die Intelligenz wirkt *unspezifisch*. Das heißt: Sie beeinflusst neben dem Lesen und Schreiben natürlich das ganze Spektrum der Schulleistungen, wie Mathematik und „Lernfächer". Und sie wirkt *indirekt*. Das bedeutet: Sie beeinflusst viele Faktoren die wiederum die Schulleistungen mitbestimmen (zum Beispiel das Gedächtnis).

Die frühe Schriftkenntnis

Je mehr Buchstaben ein Kind bei der Einschulung schon kennt, umso geringer ist die Gefahr, dass dieses Kind beim Schriftspracherwerb in der Schule Probleme bekommen wird. Das klingt logisch. Denn es liegt ja auf der Hand, dass Kinder, denen der Umgang mit Sprache und mit den Schriftsymbolen leicht fällt, mehr Interesse und Motivation haben, sich Buchstaben zu merken. Aber es geht nicht um die *Menge* der Buchstaben, die ein Kind schon vor der Einschulung kennt. Es geht um das *Verständnis* des *alphabetischen Prinzips*. Es genügt, dass die Kinder schon einige wenige Buchstaben sicher kennen – und damit bereits einen *Einblick in die Schriftsprache* und den engen Zusammenhang zwischen Lauten und Buchstaben gewonnen haben. Hier geht es also um das *Verständnis* des alphabetischen Prinzips unserer Schriftsprache – und nicht um bloßes Buchstabenpauken (das wirkungslos wäre).

Diese Erkenntnis machen sich Fachleute bei der Förderung der Legasthenie-Risiko-Kinder zunutze und optimieren die Wirkung dieser Förderung durch die *Einführung einzelner Buchstaben* im Vorschulalter. Um Missverständnissen vorzubeugen: Der Kindergarten sollte grundsätzlich eine „buchstabenfreie Zone" bleiben. Aber vielen Risikokindern kann durch eine gezielte Förderung das lebenslange Schicksal einer Legasthenie erspart werden.

Die visuelle Aufmerksamkeit

Unter diesem Begriff verstehen wir die Genauigkeit und Sicherheit, mit der Vorschulkinder visuelles Material verarbeiten – zum Beispiel Symbole vergleichen, Gemeinsamkeiten und Unterschiede herausfinden. Sie kennen sicher das Spiel „Original und Fälschung". Das sind die Bilderrätsel, bei denen sich in eine von zwei fast gleichen Abbildungen Fehler eingeschlichen haben. Das Kind soll nun beide Bilder ganz genau vergleichen, um die Abweichungen festzustellen. Das ist ein visuelles Vergleichen bei konkreten Abbildungen.

Wenn wir uns aber mehr auf der Symbolebene bewegen, ist beispielsweise der Unterschied zwischen den Buchstaben „l" und „b" darin zu entdecken, dass das „b" auf der einen Seite noch einen Bauch hat.

Visuelle Aufmerksamkeit kann man bei Vorschulkindern, die noch nicht lesen können, etwa mit folgender Aufgabe überprüfen: Es ist herauszufinden, welches der vier unteren Wörter mit dem oberen Schriftzug übereinstimmt. Wohlgemerkt, ohne zu lesen – es geht allein um das genaue Vergleichen der grafischen Zeichen, die wir Erwachsene natürlich spontan als Buchstaben erkennen. Aber für Kinder sind die „Buchstaben" nur Linien, Bögen und Punkte.

Laut
Laub Laut Lied Land

Wir können nicht sagen, dass Legastheniker grundsätzlich Schwächen in der visuellen Wahrnehmung haben. Wissenschaftliche Untersuchungen zeigen, dass lese-rechtschreib-schwache Kinder Bildmaterial genau so sicher und differenziert wahrnehmen und verarbeiten können wie normale Leser und Rechtschreiber. Ihre Unterlegenheit wird aber umso größer, je buchstabenähnlicher das Material wird, je mehr das visuelle Material sprachlich codiert, also verarbeitet werden muss.

Aufgaben zur visuellen Aufmerksamkeit sind sehr wertvoll für die vorschulische Vorhersage des Erfolges oder Misserfolges eines Kindes beim späteren Schriftspracherwerb. Entsprechend sind diese Aufgaben auch in einem Vorschultest (*„Bielefelder Screening zur Früherkennung von Lese-Rechtschreibschwierigkeiten"*) enthalten, der in Kapitel 5 vorgestellt wird.

Das Gedächtnis

Lernen bedeutet: Sich etwas merken, um das Behaltene zu einem beliebigen Zeitpunkt wieder verfügbar zu haben. Dies gilt natürlich auch für das Erlernen der Schriftsprache. Denn hier gibt es eine ganze Menge zu merken: Unser Kind muss die grafische Gestaltung der Buchstabensymbole parat haben. Es muss wissen, welcher Buchstabe welchem Sprachlaut entspricht. Und nicht genug damit: Während des Schreibens muss unser Kind das Wort, das es zu schreiben gilt, für kurze Zeit einspeichern und dann Buchstabe für Buchstabe wieder abrufen. Schließlich hat es mit einiger Schreiberfahrung auch noch eine ganze Reihe geläufiger Wörter (Lernwörter) im Gedächtnis, deren Schreibung es sozusagen als Kompaktpaket vor seinem inneren Auge sehen kann und nicht wieder Buchstabe für Buchstabe analysieren muss.

Beim Lesen und Schreiben müssen also zwei Gedächtnis-Systeme funktionieren: das Kurzzeit-Gedächtnis und das Langzeit-Gedächtnis.

Das Kurzzeit-Gedächtnis

In der Alltagssprache wird der Begriff des Kurzzeit-Gedächtnisses häufig ungenau gebraucht: Im Kurzzeit-Gedächtnis glaubt man Informationen enthalten, die man sich beispielsweise von heute auf morgen merken kann. Tatsächlich wird das Kurzzeit-Gedächtnis in der psychologischen Forschung als wesentlich *kürzerfristiger Kurzzeit-Speicher* verstanden, in dem Informationen nur über *wenige Sekunden* gespeichert werden. Wir alle nutzen unser Kurzzeit-Gedächtnis im Alltag, wenn wir zum Beispiel eine Telefonnummer im Telefonbuch nachschlagen und uns diese Nummer so lange merken, bis wir sie gewählt haben. Schon nach wenigen Sekunden haben wir die Nummer wieder vergessen.

Für den Schriftspracherwerb ist ein gut funktionierendes Kurzzeit-Gedächtnis unabdingbar. So muss ein Leseanfänger beim Lesen eines Wortes jeden Buchstaben einzeln in den entsprechenden Laut „übersetzen". Die einzelnen Laute müssen nun so lange im Kurzzeit-Gedächtnis präsent sein, bis alle Buchstaben des Wortes abgearbeitet sind und das Kind das komplette Wort aussprechen kann.

Ein Kind mit einem gestörten Kurzzeit-Gedächtnis allerdings hätte – wenn es mit seiner „Übersetzungsarbeit" am Wortende angekommen ist – den Wortanfang bereits vergessen und müsste wieder von vorn beginnen. Wenn dieses Kind dann mit Müh' und Not einen ganzen Text gelesen hat, hatte es garantiert keine Chance, das Gelesene auch noch zu verstehen – es war schon allein mit dem Lesen voll beansprucht.

Auch beim Schreiben wird das Kurzzeit-Gedächtnis stark beansprucht. Denn auch hier müssen Buchstaben oder Wortteile für kurze Zeit verfügbar gehalten werden. Dabei ist der Aufwand sogar noch etwas größer. Denn neben dem Übersetzen der Laute in Buchstaben müssen die entsprechenden Buchstaben-Symbole auch noch zu Papier gebracht werden. Gerade Kinder mit feinmotorischen Schwächen sind natürlich höchst gefordert (oder überfordert), wenn sie beim mühevollen Niederschreiben der einzelnen Buchstaben nicht vergessen wollen, welcher Buchstabe nun als nächstes kommt.

Das Langzeit-Gedächtnis

Beim Lesen und Schreiben greifen wir ständig auf bereits vorhandenes Wissen zurück. Dieses Wissen ist im Langzeit-Gedächtnis abgespeichert. Hier handelt es sich beispielsweise um Wissen über die grafische Gestalt der Buchstaben und über die Aussprache der entsprechenden Laute. Während ein Leseanfänger die Bedeutung eines Wortes Buchstabe für Buchstabe entschlüsseln muss, gelangt ein geübter Leser quasi auf den ersten Blick zur Bedeutung des Wortes: Bei ihm ist das Schriftbild als Ganzes abgespeichert. Ein Beispiel: Wenn wir einen Erstklässler das Wort

BLUMENTOPF

lesen lassen, können wir nachvollziehen, wie er für jeden einzelnen Buchstaben den entsprechenden Laut aus dem Langzeit-Gedächtnis abruft, die Laute dann „zusammenschleift" und schließlich die Bedeutung des Gelesenen wiederum aus dem Langzeit-Gedächtnis abruft (ein Wort, das so klingt, bedeutet „Blumentopf")
Wir Erwachsenen können uns in eine ähnliche Situation versetzen. Während wir bei dem Wort „Blumentopf" auf einen Blick wissen, was gemeint ist, gelingt uns das bei dem Wort

BULMENTOFP

nicht unmittelbar. Wir müssen das Wort erst relativ langsam zu Ende lesen, bis wir in unserem Langzeit-Gedächtnis nachforschen können, ob es ein Wort gibt, das sich so anhört. Die Antwort fällt natürlich negativ aus, aber unser tüchtiges Langzeit-Gedächtnis wird uns melden, dass es ein Wort gibt, das geschrieben ganz ähnlich aussieht – nämlich der Blumentopf.
Wie wichtig die Rolle des Gedächtnisses für das Lesen- und Schreibenlernen ist, wird oft erst dann drastisch deutlich, wenn das Gedächtnis bei einem Lese- und Schreibanfänger nicht einwandfrei funktioniert. Einige Beispiele:

Die Verwechslung gestaltgleicher, aber richtungsverschiedener Buchstaben (b und d, p und q) ist in der Regel nicht einfach damit erklärbar, dass das Kind die räumliche Lage der Buchstaben nicht korrekt wahrnimmt. In Wirklichkeit ist hier die Buchstabe-Laut-Verbindung nicht sicher abgespeichert.

- Auch Reihenfolge-Fehler (ie statt ei) lassen sich als Gedächtnisproblem interpretieren, weil hier zwar die Kombination der Buchstaben i und e abgespeichert ist, nicht aber deren korrekte Reihenfolge im Zusammenhang mit der jeweiligen Aussprache.
- Auch die Bewegungsabläufe beim Schreiben der einzelnen Buchstaben sind oft nicht sicher abgespeichert.
- Wegen solcher und ähnlicher Gedächtnis-Probleme müssen diese Kinder beim Lesen einen enormen geistigen Aufwand betreiben, der sie schnell ermüden lässt. Durch diesen gesteigerten Aufwand fehlt den Kindern dann natürlich die Kapazität für gleichzeitige andere Leistungen während des Lesens oder Schreibens – zum Beispiel für das Mitdenken und Verstehen des Inhaltes.

- Beide Gedächtnis-Speicher – sowohl das Kurzzeit-Gedächtnis als auch das Langzeit-Gedächtnis – sind von fundamentaler Bedeutung für einen erfolgreichen Schriftspracherwerb.

Die wissenschaftliche Erforschung

Da sich das Gedächtnis unseres Kindes von der Geburt an kontinuierlich entwickelt, lässt sich bereits vor der Einschulung erkennen, ob die Gedächtnis-Kapazität und -aktivität für die künftigen Anforderungen beim Lesen- und Schreibenlernen ausreichen wird. Eine entsprechende Untersuchung wurde am Max-Planck-Institut für Psychologische Forschung unter Leitung der Professoren Franz E. Weinert und Wolfgang Schneider an mehreren hundert Kindern durchgeführt.

Im Vorschulalter wurde das Kurzzeit-Gedächtnis überprüft, indem die Kinder unterschiedlich lange Wortreihen (z.B. Hut-Bär-Tee…) und Sätze nachsagen sollten. Zur Überprüfung des Langzeit-Gedächtnisses sollten die Kinder sich möglichst schnell an die Farben vorgegebener Obst- und Gemüsesorten (Salat, Tomate, Zitrone, Pflaume) erinnern (diese Aufgaben werden als Teil des Vorschul-Tests in Kapitel 5 dargestellt).

Im zweiten und dritten Schuljahr wurden schließlich die Lese- und Rechtschreibleistungen der Kinder untersucht. Und es zeigte sich, dass die Gedächtnis-Leistungen eines Kindergarten-Kindes einen wertvollen (signifikanten) Beitrag zur Vorhersage seines späteren Erfolgs (oder Misserfolgs) beim Lesen- und Schreibenlernen leisten. Kinder, die in den Vorschultests gut abgeschnitten hatten, gehörten auch später zu den erfolgreichen Lesern und Rechtschreibern. Hingegen hatten Kinder, denen im Vorschulalter ein schwaches Gedächtnis bescheinigt werden musste, später gehäuft Lese-Rechtschreib-Schwierigkeiten. Das Gedächtnis gehört also zu den einflussreichen Vorhersagemerkmalen für den Schriftspracherwerb.

In dieser bedeutenden Untersuchung und in einer ganzen Reihe bahnbrechender Forschungsarbeiten, die in vielen Ländern der Erde durchgeführt wurden, konnte jedoch noch ein weiteres Vorläufermerkmal für das Lesen- und Schreibenlernen gefunden werden, das alle übrigen Vorläufer-Merkmale hinsichtlich der Bedeutung und der Vorhersagekraft um Längen schlägt: Die phonologische Bewusstheit.

Die phonologische Bewusstheit

Erinnern Sie sich? Dieser Begriff wurde bereits im zweiten Kapitel kurz vorgestellt. Da ging es um die alphabetische Stufe des Lesen- und Schreibenlernens, bei der das Kind bereits festgestellt hat, dass jeder Laut einen zugehörigen Buchstaben hat und umgekehrt. Auf dieser Stufe schreibt das Kind, indem es das Gehörte in die einzelnen Laute zerlegt und dann jedem Laut den passenden Buchstaben zuordnet und diesen zu Papier bringt. Doch was ist überhaupt ein Laut?

Ein Laut oder Phonem ist die kleinste bedeutungsunterscheidende Einheit eines Sprachsystems.

Ein Beispiel: Die beiden Wörter „Wand" und „Sand" unterscheiden sich in einem einzelnen Laut, nämlich dem Anfangslaut. Dieser eine Laut – einmal das /w/, beim anderen das /s/ – macht den Bedeutungsunterschied aus. Die schrägen Striche sollen bei dieser Darstellung Folgendes klarstellen: Wir sprechen nun nicht von den Buchstaben (also dem „we" oder dem „es"), sondern von den Lauten, so wie sie im Wort klingen. Uns Erwachsene kostet es einige Mühe, auf diese Stufe des Wahrnehmbaren zurückzugehen, denn für uns, die wir geübte Leser und Schreiber sind, ist der Buchstabe sehr naheliegend. Nicht jedoch für die Kinder. Für unsere Kinder, die mit dem Lesen und dem Schreiben gerade erst anfangen, ist der wahrnehmbare Laut das einzige, worauf sie sich stützen können. Den Bezug zum Buchstaben müssen sie erst mühsam erlernen.

Was ist phonologische Bewusstheit?

Der Begriff „Phonologie" stammt aus dem der Sprachwissenschaft und bedeutet „Lehre von der Funktion der Sprachlaute".

Unter phonologischer Bewusstheit versteht man den Einblick in die Lautstruktur der gesprochenen Sprache.

Ein Kind besitzt phonologische Bewusstheit, wenn es ein Gespür für den Klang der gesprochenen Sprache entwickelt hat. So kann es beispielsweise reimen, Wörter in Silben zerlegen und schließlich sogar die einzelnen Laute innerhalb eines Wortes erkennen, etwa die Laute /w/ /a/ /n/ /d/ im Wort „Wand".

Warum muss man zum Schreiben die Laute erkennen?

Unsere deutsche Schriftsprache ist eine alphabetische. Das heißt: Beim Schreiben werden Laute in entsprechende Buchstaben „übersetzt". Umgekehrt werden beim Lesen Buchstaben „verlautlicht". Jemand, der alle Buchstaben-Laut-Zusammenhänge kennt, der also weiß, welcher Buchstabe wie auszusprechen ist, ist in der Lage, in deutscher Sprache Geschriebenes zu lesen. Zwar wird er die Bedeutung des Gelesenen nicht unbedingt verstehen, aber er ist in der Lage, das Wort korrekt *auszusprechen*.
Unsere Sprache ist sehr lautgetreu: Es gibt einen engen Zusammenhang zwischen den Lauten und den zugehörigen Buchstaben. Wörter, die ähnlich geschrieben werden, werden auch ähnlich ausgesprochen. Ganz anders ist es bei-

spielsweise im Englischen. Denn diese Schriftsprache ist wenig lautgetreu, Buchstaben und Kombinationen aus Buchstaben werden unter Umständen in verschiedenen Wörtern ganz unterschiedlich ausgesprochen. Vergleichen Sie einmal die Wörter „bean" (gesprochen biin) und „break" (gesprochen bräik). Die Buchstaben-Kombination „ea" wird jeweils unterschiedlich ausgesprochen.

Neben den alphabetischen Schriftsprachsystemen, in denen Gesprochenes durch Buchstaben festgehalten werden kann, gibt es noch andere Schriften. Sicherlich sind Ihnen schon einmal chinesische Schriftzeichen begegnet. Hier werden ganze Wörter oder Ausdrücke durch Bildzeichen repräsentiert. Es handelt sich um eine logographische Schrift. In diesem Schriftsprachsystem ist die Legasthenie nicht bekannt. Doch zurück zur phonologischen Bewusstheit.

Was hat phonologische Bewusstheit mit Sprachverständnis zu tun?

Vom ersten Atemzug an hört unser Kind unsere Sprache. Wir sprechen es an, es reagiert auf unsere Stimme. Allmählich beginnt es sich selbst durch „Sprache" zu äußern. Erst ist es ein Lallen, dann formen sich die ersten Wörter. Wir Eltern greifen immer wieder lenkend ein, korrigieren die Aussprache, weisen unser Kind auf die Bedeutung der einzelnen Wörter hin. Bevor unser Kind mit dem Lesen- und Schreibenlernen konfrontiert wird, versteht es die Bedeutung gesprochener Sprache gut.

Unser Kind kann sehr wohl zwischen der Bedeutung der Wörter „Wand" und „Sand" unterscheiden. Fragen Sie Ihr Vorschulkind nach dem Unterschied zwischen „Haus" und „Maus" – es wird keine Probleme haben, Ihnen die unterschiedlichen Bedeutungen zu erklären. Auch wenn wir unser Kind fragen, ob das Wort „Haus" sich anders anhört als das Wort „Maus", wird es den Unterschied bestätigen. Es wird jedoch nicht deutlich machen können, worin dieser Unterschied besteht.

Wir Erwachsenen könnten natürlich sofort anmerken, dass das Haus mit dem Buchstaben „H" beginnt, die Maus mit dem Buchstaben „M". Aber ein Vorschulkind kann diesen Unterschied in den Anfangsbuchstaben nicht kennen. Und ganz gezielt heraushören kann es ihn im Normalfall auch noch nicht. Es weiß nur, dass da irgendetwas anders klingt.

Sprachverständnis darf also keinesfalls mit phonologischer Bewusstheit gleichgesetzt werden. Sprachverständnis bezieht sich auf die *Bedeutung* eines Wortes oder einer Aussage. In der kindlichen Sprachentwicklung geht es darum, die Bedeutung von sprachlichen Äußerungen zu kennen, um zu verstehen und sich mitteilen zu können. Das können Vorschulkinder in der Regel auch. Ganz andere Anforderungen stellt hingegen die phonologische Bewusstheit. Hier geht es nicht um die *Bedeutung* eines Wortes, sondern allein um die *formale Struktur, den Klang, den lautlichen Aufbau* eines Wortes. Das ist etwas, womit sich Vorschulkinder im Normalfall nie beschäftigt haben. Wozu auch? Sprache ist dazu da, um verstanden zu werden. Dass man den Klang der Sprache analysieren muss, um Schreiben zu lernen – diese Notwendigkeit zeigt sich unseren Kindern erst viel später.

Wie entwickelt sich phonologische Bewusstheit?

Manuel ist 5 Jahre alt. Im Kindergarten schreibt er seinen Namen auf jedes Bild, das er angefertigt hat. Er weiß, dass sein Name mit einem „M" beginnt, dass dann ein „A" kommt und danach ein „N" usw.. Als wir ihn fragen, ob er denn auch schon das Wort „Mann" schreiben könne, ist er bass erstaunt und meint: „Nein, diese Buchstaben kenn' ich noch nicht".

Wie können wir uns das erklären? Selbstverständlich könnte Manuel – rein theoretisch – das Wort „Mann" schon schreiben, denn die Buchstaben sind die ersten drei seines Namens. Manuel kann sich jedoch noch nicht am Klang der gesprochenen Sprache (an den Lauten) orientieren. Er weiß auch noch nicht, dass zu jedem Laut genau ein Buchstabe gehört. Er hat das alphabetische Prinzip unserer Schriftsprache noch nicht durchschaut und kann entsprechend auch nicht feststellen, dass „Manuel" und „Mann" einiges gemeinsam haben: nämlich die ersten drei Buchstaben. Wie sollte er auch darauf kommen, dass man das, was man schreiben muss, hören kann?

Dieses Heraushören einzelner Laute ist die „Hohe Schule" der phonologischen Bewusstheit. Und sie setzt eine ganze Reihe an Vorstufen voraus.

Diese Vorstufen hat auch Manuel bereits erklommen. Wenn die Erzieherin ihn bittet, ein Wort zu suchen, das sich auf „Mann" reimt, so nennt er spontan „kann" oder „wann". Wenn er die Silben des Wortes „Krokodil" klatschen soll, dann trennt er perfekt in „Kro-ko-dil" und klatscht im Takt dazu.

Die frühen Formen der phonologischen Bewusstheit

All das ist auch phonologische Bewusstheit. Denn auch diese Leistungen sind einem Kind nur dann möglich, wenn es genau auf den Klang, auf die Struktur eines Wortes hören kann. Natürlich sind die Spracheinheiten, auf die unser Kind hier hören muss, nicht so klein und bei weitem nicht so schwer erkennbar wie die einzelnen Laute. Auf dieser frühen Stufe der phonologischen Bewusstheit erkennt das Kind nur die größeren Einheiten, wie ganze Wörter, Silben oder Reime. Aber diese phonologische Bewusstheit für die größeren Einheiten stellt die Basis dar, auf der sich erst Jahre später die Bewusstheit um die kleinsten Einheiten der gesprochenen Sprache – die Laute – entwickeln kann. Die folgende Abbildung zeigt noch einmal, welche Leistungen zur phonologischen Bewusstheit gehören:

Phonologische Bewusstheit	
Einen Satz in die einzelnen Wörter zerlegen Die · Maus · ist · im · Haus	Den ersten Laut im Wort erkennen F · uchs · = · F · isch
Hören, ob zwei Wörter sich reimen Haus · Maus · ≠ · Haus · Hütte Reimwörter finden	Ein Wort in die einzelnen Laute zerlegen
Silben klatschen E – le – fant Aus einzelnen Silben ein Wort zusammensetzen	N · a · s · e Aus einzelnen Lauten ein Wort zusammensetzen

Wann kann mein Kind *was* können?

In vielen wissenschaftlichen Studien ergibt sich, dass Kinder ab dem Alter von etwa drei Jahren mit Reimen umgehen können. Das heißt: Sie kennen einzelne Kinderreime und können oft auch schon feststellen, ob zwei Wörter am Ende gleich klingen (also sich reimen). Auch das Silbenklatschen funktioniert in dieser Altersstufe meist schon ganz gut. Die Fähigkeit, mit Reimen und Silben umzugehen, wird im Kindergarten ganz nebenbei spielerisch geübt – sei es beim Nachsprechen und Einüben kleiner Gedichte und Liedertexte oder beim Singen und rhythmischen Mitklatschen. Diese Fähigkeit zum Umgang mit Reimen und Silben entwickelt sich bei den *meisten* Kindern spontan, sie brauchen also kein besonderes Training dazu.

Reime und Silben als Basis für die Laute

Dieses Verständnis für Reime und Silben bildet dann die Grundlage, das Fundament für das spätere Erkennen der einzelnen Laute eines Wortes. Die phonologische Bewusstheit für die Laute als kleinste Einheiten der Sprache entwickelt sich aber nicht spontan. In der Regel werden die Kinder erst in der Schule damit konfrontiert, einzelne Laute im Wort erkennen zu müssen, um dann die entsprechenden Buchstaben zuordnen zu können. Wie gut, wenn unsere Kinder dann auf ein sicheres Fundament bauen können. Wenn sie nämlich im Vorschulalter problemlos Reime und Silben heraushören konnten, haben sie gute Chancen, nun tiefer in die Struktur der Sprache zu dringen und noch kleinere Einheiten – eben die einzelnen Laute – zu entdecken. Wenn aber dieses Fundament im Vorschulalter nicht gelegt wurde oder nur bröckelig vorhanden ist, haben die Kinder keine sichere Basis und müssen beim Erkennen der Laute notgedrungen scheitern.

Gibt es leichte Laute und schwere Laute?

Tatsächlich lassen sich Laute unterschiedlich schwer identifizieren. Am einfachsten sind noch die Selbstlaute oder Vokale zu erkennen, also a, e, i, o, u. Diese Laute sind recht klar. Sie lassen sich beliebig in die Länge dehnen und können entsprechend von unseren Kindern als erste identifiziert werden.

Neben den Vokalen lassen sich auch einige Mitlaute oder Konsonanten dehnen, zum Beispiel das /m/, /n/, /l/, /r/, /s/ und weitere. Die Schrägstriche sollen Sie wiederum daran erinnern, dass es sich hier nicht um die Buchstabennamen (also „em", „en", „el" usw.) handelt, sondern um die Laute, wie sie sich im Wort anhören (also das /m/ in „Maus", das /n/ in „Nase", das /l/ in „Luft" usw.). Ganz schwer erkennbar sind Laute wie das /p/, /b/, /t/, /k/ usw. Diese „Plosivlaute" werden im Mund durch ganz schnelle Bewegungen erzeugt. Sie lassen sich auch nicht dehnen. Dem Kind bleibt also nur ganz kurze Zeit, um den Laut zu identifizieren.

Äußerst schwierig wird es, wenn Konsonanten nicht einzeln, sondern in Gruppen auftreten. Im Wort „springen" sind zum Beispiel am Anfang gleich drei Konsonanten gehäuft. Oder nehmen Sie das Wort „stampfen". Diese Konsonanten-Gruppen sind äußerst schwer zu entwirren.

So ist es in der Entwicklung der phonologischen Bewusstheit eines Kindes ganz normal, wenn es eine Reihe von Lauten schon bald zuverlässig erkennen kann, mit anderen jedoch anfangs noch große Schwierigkeiten hat und sie öfter verwechselt (/b/ und /p/, /g/ und /k/ und weitere).

Ein „e" ist ein „e" ist ein „e".
Klingen Laute immer gleich?

In den vorangegangenen Abschnitten war häufig von Buchstaben-Laut-Beziehungen die Rede. Sind das tatsächlich immer „Zweierbeziehungen"? Gehört also zu jedem Buchstaben genau ein einziger Laut und zu jedem Laut genau ein Buchstabe? Oder anders gefragt: Klingt ein bestimmter Buchstabe in jedem Wort gleich? Machen Sie einmal folgendes Experiment:

Sprechen Sie betont ein **E**.

Dehnen Sie den Laut, und prägen Sie sich den Klang bewusst ein. Nun sprechen Sie bitte folgende Wörter, indem Sie das /e/ genau so aussprechen wie gerade eben:

Regen · gelb · rechnen

Ist Ihnen etwas aufgefallen? Richtig, die Wörter klingen mit diesem „reinen" e meist völlig unnatürlich. Wir sprechen sie normalerweise ganz anders aus. Probieren Sie es einmal – und wiederholen Sie die Wörter so, wie Sie sie gewöhnlich sprechen. Und Sie merken: Während das erste /e/ in „Regen" tatsächlich noch ein reines /e/ ist, klingt das hintere /e/ schon etwas anders. Das /e/ in „gelb" klingt dagegen eher nach /ä/ usw. Ganz abgesehen davon kann das /e/ unterschiedlich lang sein. In dem Wort „Regen" haben wir zuerst ein langes, dann ein kurzes /e/, beide werden jedoch mit dem gleichen Buchstaben „e" wiedergegeben.

Ähnliche Erfahrungen machen wir auch mit dem Laut /o/. Sprechen Sie doch einmal „Rot" und „Wort". Wieder zwei verschiedene Klänge, obwohl wir es doch mit demselben Buchstaben zu tun haben.

Was lernen wir daraus? Die Buchstabe-Laut-Beziehung ist in vielen Fällen keine „Zweierbeziehung", vielmehr eine „Ehe zu dritt, zu viert…". Glücklicherweise tritt diese Problematik nur bei den Selbstlauten gehäuft auf. In unserer deutschen Sprache gibt es also wesentlich mehr Laute als Buchstaben. Bestimmte Lautgruppen gehören zu einem bestimmten Buchstaben. Unsere Kinder müssen also nicht nur lernen, dass zu Lauten Buchstaben gehören, sie müssen auch erkennen, dass Gruppen von ähnlichen Lauten durch ein und denselben Buchstaben repräsentiert werden. Das ist eine weitere Hürde beim Schreibenlernen. Denn die bekannte Anfängerregel *„Schreib, wie du sprichst"* funktioniert hier häufig nicht.

Kleine Helfer bei der Lauterkennung

Um die Laute eines Wortes zu erkennen, ist es wichtig, das Wort ganz deutlich – am besten überdeutlich und gedehnt – auszusprechen. Beim Identifizieren der Laute hilft unseren Kindern nicht nur das genaue Hinhören, sondern auch das In-sich-hinein-fühlen, das Achten auf die eigenen Bewegungen im Mund oder das Beobachten von anderen Personen, während diese sorgfältig gedehnt aussprechen. Wir können unsere Kinder auf vielfältige Weise beim Identifizieren der Laute unterstützen:

- Ein guter Helfer ist hierbei der Spiegel. Schauen wir uns die Form unseres Mundes an: Ist er rund, breit, sind die Lippen gespitzt, aufeinander gepresst …? Bei manchen Lauten (z.B. /p/) beschlägt der Spiegel kurz, weil wir sehr viel Luft ausstoßen.
- Eine Feder – dicht vor den Mund gehalten – flattert beim /f/, beim /w/ hingegen bewegt sie sich kaum.
- Wir schauen uns gegenseitig an, während wir bestimmte Laute bilden, fassen uns auf den Brustkorb, an den Hals, um Vibrationen zu spüren, versuchen zu beschreiben, was die Zunge macht.

Probieren Sie es einmal aus. „Spielen" Sie mit den Lauten – am besten zusammen mit Ihrem Kind. Fühlen Sie in sich hinein: Was macht die Zunge? Wie stehen die Lippen? Entweicht die Luft ganz langsam oder wird sie herausgestoßen? Schauen Sie sich gegenseitig an, ahmen Sie die Mundstellung des anderen nach und versuchen Sie zu erraten, welchen Laut der andere gerade bilden will.

Es gibt eine ganze Reihe solcher Übungen, die unseren Kindern sehr helfen können, eine Bewusstheit für Laute – also phonologische Bewusstheit – zu entwickeln. Wir Erwachsenen müssen uns vergegenwärtigen, dass das Erkennen der einzelnen Laute für ein Kind eine ungeheuer schwierige Aufgabe darstellt. Die gesprochene Sprache kommt als zusammenhängender Lautstrom beim Hörer an, und es gibt keine klaren Grenzen für die einzelnen kleinen Einheiten. Jedes Kind muss für sich allein hören und spüren lernen, wie sich einzelne Laute anhören, wie sich die Aussprache im Mund anfühlt.

Was bringt eine Förderung der phonologischen Bewusstheit im Vorschulalter für das spätere Lesen- und Schreibenlernen?

Ein Ausflug in die wissenschaftliche Forschung

In diesem Abschnitt werden wir Sie über wissenschaftliche Untersuchungen zum Thema „Phonologische Bewusstheit und Schriftspracherwerb" informieren. Ein Exkurs in wissenschaftliche Studien in einem Ratgeberbuch? Das mag Ihnen auf den ersten Blick vielleicht etwas „trocken" oder unwichtig für den konkreten Umgang mit Ihrem eigenen Kind vorkommen. Wir halten diese Informationen trotzdem für wichtig, Denn sie belegen, dass die Hinweise und Tipps, die Sie in diesem Buch erhalten, nicht wahllos zusammengestellt oder etwa ungeprüft sind. Sie sind tatsächlich Ergebnisse langjähriger moderner pädagogisch-psychologischer Forschung.

Traurig, aber wahr:
Nur selten sind Fördermaterialien wissenschaftlich geprüft.

Wissen Sie eigentlich, was es alles zum Lesen- und Schreibenlernen für Kinder im Vorschulalter gibt? Machen Sie sich in den entsprechenden Fachgeschäften einmal ein Bild von den Materialien, Spielen, Büchern oder CD-ROM's, die zur Förderung von Vorschul- oder Schulkindern angeboten werden: Sie werden schier erschlagen von der Fülle des Angebotes. Machen Sie sich nun einmal die Mühe, in den Einleitungen oder Handbüchern zu überprüfen, inwieweit die angebotenen Fördermaterialien fachlich auf dem neuesten Stand sind und ob ihre Wirkung auch tatsächlich an renommierten Instituten wissenschaftlich nachgewiesen wurde: Sie werden kaum etwas finden.

Ist es nicht auffällig, dass wir beim Kauf eines Mixers oder Staubsaugers selbstverständlich genaueste Informationen und Prüfberichte von Verbraucherverbänden verlangen, beim Anschaffen von Übungs- und Fördermaterialien für unsere Kinder aber auf nichts sagende Floskeln wie „pädagogisch wertvoll" oder „pädagogisch geprüft" hereinfallen? Gerade hier sollten wir aber zuverlässige Prüfberichte fordern, um nicht Zeit und Energie unserer Kinder mit ineffektiven Materialien zu vergeuden. Darum also der Bericht aus der Wissenschaft.

Die Forschungsprojekte an der Universität Würzburg

Am Institut für Psychologie der Universität Würzburg wurden zwischen 1991 und 1999 groß angelegte Forschungsprojekte zum Lesen- und Schreibenlernen durchgeführt. Diese Forschungsarbeiten, an denen die Autorin dieses Buches maßgeblich mitarbeitete, wurden von der Deutschen Forschungsgemeinschaft als sehr bedeutend und Erfolg versprechend anerkannt und entsprechend finanziert. In den Untersuchungen sollte geklärt werden, welche Voraussetzungen für das Lesen- und Schreibenlernen entscheidend sind. Außerdem sollte nach Wegen gesucht werden, den Kindern auf spielerische Weise das Lesen- und Schreibenlernen zu erleichtern. In diesem Rahmen wurde auch das Förderprogramm zur phonologischen Bewusstheit erprobt.

Die teilnehmenden Kinder

Sorgfältig geplante wissenschaftliche Untersuchungen zur Erprobung eines Förderprogrammes arbeiten mit mindestens zwei großen Gruppen von Kindern, wobei nur eine Gruppe (die so genannte Trainingsgruppe) an dem Förderprogramm teilnimmt. Die andere Gruppe (die so genannte Kontrollgruppe) erhält keine spezielle Förderung. Sie dient also zu Vergleichszwecken. In den Würzburger Untersuchungen bestanden beide Gruppen aus repräsentativen Stichproben von Vorschulkindern. In der Trainingsgruppe waren ca. 200 Kinder, in der Kontrollgruppe etwa 150 Kinder.

Der Ablauf der Untersuchungen

Die Untersuchungen begannen im letzten Kindergartenjahr, etwa acht Monate vor der Einschulung, und liefen folgendermaßen ab: In beiden Gruppen wurde zu Beginn ein Vortest durchgeführt, daran schloss sich in der Trainingsgruppe die Förderung in phonologischer Bewusstheit an. Die Kontrollgruppe nahm in dieser Zeit am normalen Kindergartenprogramm teil. Nach 6 Monaten wurde ein Nachtest durchgeführt. Und nach der Einschulung wurden dann die Lese- und Rechtschreibleistungen der Kinder regelmäßig untersucht. Zur Verdeutlichung dient die folgende Grafik:

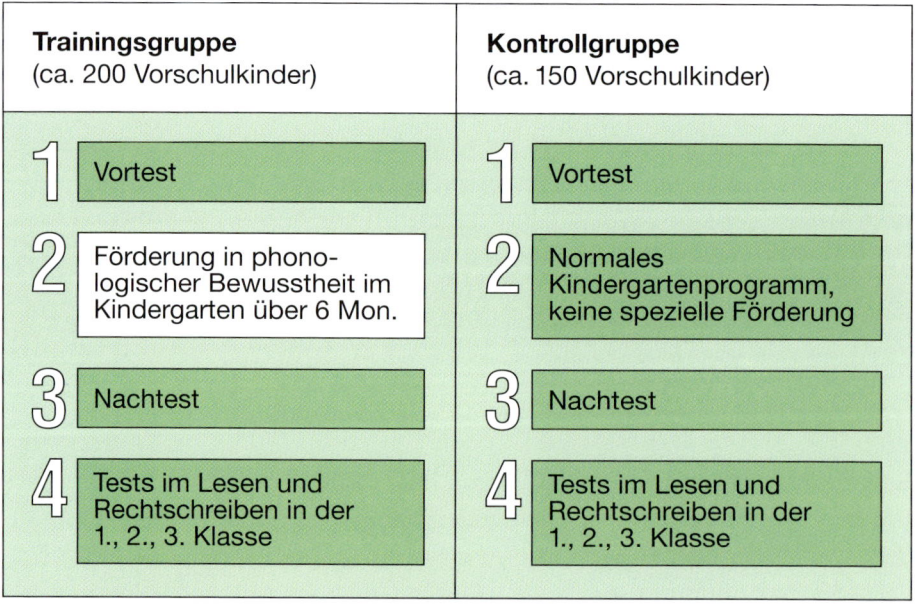

Trainingsgruppe (ca. 200 Vorschulkinder)	**Kontrollgruppe** (ca. 150 Vorschulkinder)
1 Vortest	1 Vortest
2 Förderung in phonologischer Bewusstheit im Kindergarten über 6 Mon.	2 Normales Kindergartenprogramm, keine spezielle Förderung
3 Nachtest	3 Nachtest
4 Tests im Lesen und Rechtschreiben in der 1., 2., 3. Klasse	4 Tests im Lesen und Rechtschreiben in der 1., 2., 3. Klasse

Was wurde in den Tests geprüft?

Wie die Abbildung zeigt, wurden vor und nach der Förderung verschiedene Tests durchgeführt. Der *Vortest* fand im Januar des Vorschuljahres in beiden Gruppen statt. Hier wurde die „Ausgangsleistung" aller Kinder in phonologischer Bewusstheit festgestellt. Außerdem wurde ihr Gedächtnis überprüft, die Intelligenz und weitere wichtige Maße. Natürlich musste zu diesem Zeitpunkt auch sichergestellt werden, dass keines der Kinder lesen oder schreiben konnte.

Im *Nachtest* im Juli wurde schließlich die „Endleistung" in phonologischer Bewusstheit festgehalten. Hier zeigte sich dann auch, dass die Trainingsgruppe nun über eine gute phonologische Bewusstheit verfügte, während die Kontrollgruppe sich im Vergleich zum Vortest kaum verbessert hatte. Es war also tatsächlich gelungen, den Kindern in der Trainingsgruppe durch Übungen und Spiele, die ihnen sehr viel Spaß gemacht hatten, einen Einblick in die Laute der gesprochenen Sprache zu geben.

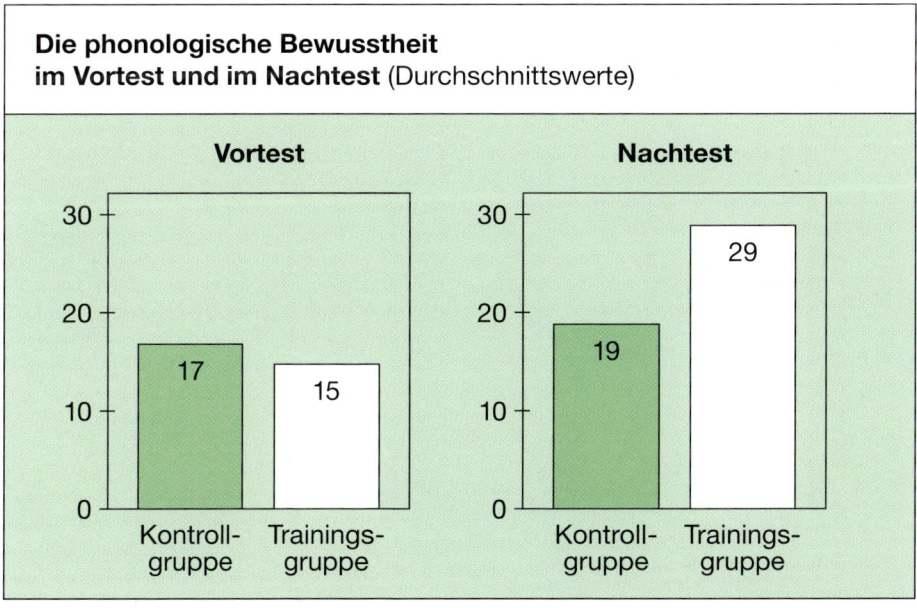

Die phonologische Bewusstheit im Vortest und im Nachtest (Durchschnittswerte)

Die wichtigste Frage betraf jedoch das spätere *Lesen- und Schreibenlernen.* Sollte es tatsächlich möglich sein, den Kindern durch die Förderung in phonologischer Bewusstheit das Lesen- und Schreibenlernen zu erleichtern? Um das zu klären, wurden jeweils zum Ende des ersten, zweiten bzw. dritten Schuljahres die Lese- und Rechtschreibleistungen der Kinder in der Trainingsgruppe und in der Kontrollgruppe anhand standardisierter Tests überprüft.

Die Ergebnisse beim Lesen und Schreiben

Tatsächlich war es möglich, durch die spielerische Förderung im Vorschulalter das spätere Lesen- und Schreibenlernen deutlich zu erleichtern. Die Kinder der Trainingsgruppe schnitten in den Tests und in der Beurteilung ihrer Lehrer weit besser ab als die Kinder der Kontrollgruppe, die ja keine spezielle Förderung erhalten hatten.

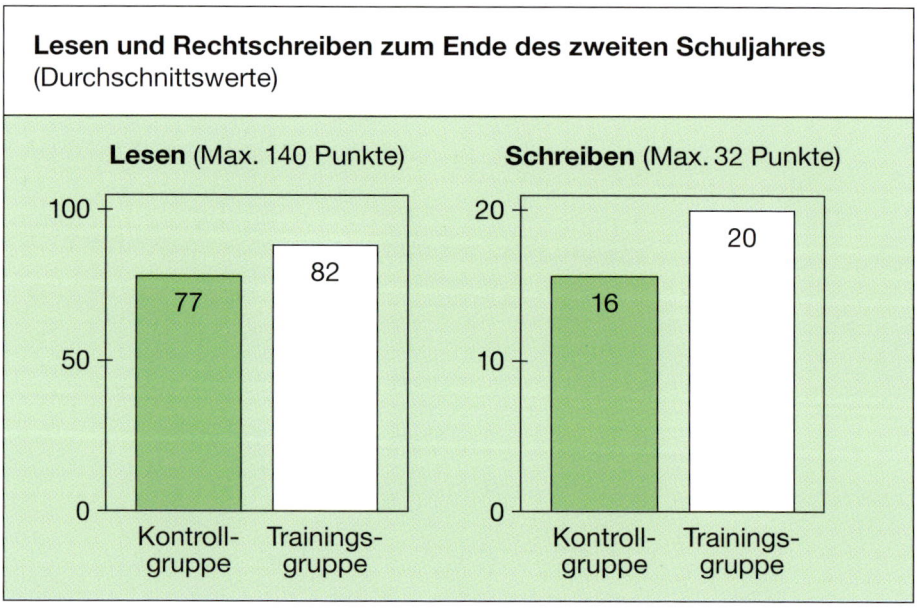

Lesen und Rechtschreiben zum Ende des zweiten Schuljahres (Durchschnittswerte)

Und das Wichtigste: Die Kinder in der Trainingsgruppe konnten vor dem Schicksal einer Legasthenie bewahrt werden. Denn in der Trainingsgruppe waren auch Legasthenie-Risikokinder, die im Vorschulalter mittels bestimmter Tests ausgewählt worden waren. Für diese Risikokinder hatte nun die über 90-prozentige Sicherheit bestanden, dass sie eine Legasthenie entwickeln. Tatsächlich konnte man fast alle Kinder mit einer erweiterten Trainingsversion vor diesem Schicksal bewahren.

Kapitel 4: Das Wichtigste in Kürze

- In den letzten 20 Jahren wurde das Thema „Lesen- und Schreiben-lernen" in vielen Ländern der Welt wissenschaftlich intensiv er-forscht. Die beeindruckendsten Ergebnisse beziehen sich auf die Fähigkeiten und Fertigkeiten, die für erfolgreiches Lesen- und Schreibenlernen Voraussetzung sind, so genannte Vorläufer-Merk-male des Schriftspracherwerbs.

- Die bedeutendsten Vorläufer-Merkmale sind Intelligenz, frühe Schriftkenntnis, visuelle Aufmerksamkeit, Gedächtnis und phonolo-gische Bewusstheit.

- Als wichtigstes, spezifisches Vorläufermerkmal des Schriftspracher-werbs hat sich die phonologische Bewusstheit erwiesen. Darunter versteht man den Einblick in die Lautstruktur der gesprochenen Sprache.

- Unsere Kindergartenkinder können schon früh reimen oder Silben klatschen. Das sind erste Anzeichen der sich entwickelnden phono-logischen Bewusstheit. Für das spätere Lesen- und Schreibenlernen benötigen die Kinder phonologische Bewusstheit für wesentlich klei-nere sprachliche Einheiten: Die Laute oder Phoneme. Die Fähigkeit, ein Wort in seine einzelnen Lautbestandteile zu zerlegen, ist die Vor-aussetzung dafür, dass unser Kind dieses Wort korrekt schreiben kann.

- Kinder mit Defiziten in phonologischer Bewusstheit sind Risikokin-der für eine Legasthenie, d.h., sie sind stark bedroht, am Lesen- und Schreibenlernen zu scheitern.

- Phonologische Bewusstheit wird in der Schule beim Lesen- und Schreibenlernen vermittelt. Für etliche Kinder ist jedoch die dafür aufgewendete Zeit zu kurz, die Übungen sind nicht intensiv genug, als dass die Kinder stabile Kenntnisse über das Zerlegen der Sprache und das Zuordnen der entsprechenden Buchstaben erwerben könnten. Hier sind Probleme beim Lesen- und Schreibenlernen vorprogrammiert.
- Bereits Vorschulkinder können phonologische Bewusstheit spielerisch erlernen. Das wurde in umfassenden Forschungsarbeiten nachgewiesen. Kinder, deren phonologische Bewusstheit im Vorschulalter gefördert worden war, taten sich mit dem Lesen- und Schreibenlernen wesentlich leichter als andere Kinder, die eine solche Förderung nicht erhalten hatten.
- **Auch Kinder, die im Vorschulalter als Risiko-Kinder für eine Legasthenie identifiziert worden waren, profitierten von dem Förderprogramm zur phonologischen Bewusstheit enorm. Fast alle konnten so vor dem Ausbruch einer Legasthenie bewahrt werden.**

5

Warnsignale im Vorschulalter

In diesem Kapitel erfahren Sie, …

- wie Sie als Eltern bei Ihrem Vorschulkind
  spezifische Hinweise auf eine drohende Legasthenie
  aufdecken können
- wie pädagogische Fachkräfte
  in einem kurzen Test zuverlässig feststellen können,
  ob für ein Vorschulkind ein Legasthenie-Risiko besteht
- welche weiteren Hinweise oder Auffälligkeiten
  Sie bei Ihrem Kind ernst nehmen müssen –
  etwa als Vorboten für spätere Lernprobleme

„Schulreife"

Der Schuleintritt ist nicht die „Stunde Null" für das Lesen- und Schreibenlernen. Wir können nicht annehmen, dass aus unserem spielenden Kind mit einem Mal ein lesendes und schreibendes Kind wird, das alles, was es dazu braucht, nun in der Schule erlernt. Vielmehr muss das Kind ein gerüttelt' Maß an Rüstzeug mitbringen, auf das es beim Lesen- und Schreibenlernen bauen kann.

Aus einer anderen Perspektive: Wenn unser Kind beim Schriftspracherwerb versagt, hat es nicht erst seit heute ein Problem – es hatte schon früher Defizite. Und die hätte man auch entdecken können – wenn man gewusst hätte, worauf man achten soll.

Defizite frühzeitig aufdecken oder lieber abwarten ...?

Zwei Positionen:

- **Frau Z. (Mutter):** *„Ich finde es nicht richtig, die Kinder schon im Kindergarten zu testen, um abzuchecken, wo sie vielleicht ‚Defizite' haben. Keiner von uns ist perfekt, und sicher können die Kinder vieles noch nachlernen, wenn sie erst einmal in der Schule sind. Im Kindergarten sollen die Kinder unbelastet spielen und sich vor allem sozial entwickeln; sie kommen noch früh genug in unsere Leistungsgesellschaft."*
- **Frau D. (Mutter):** *„Ich möchte auf keinen Fall, dass der Kindergarten ‚verschult' wird, aber ich möchte wissen, ob mein Kind irgendwelche Schwächen hat, die ihm später in der Schule das Lernen schwer machen werden. Gerade im Kindergarten kann man so vieles noch spielerisch fördern. Wenn erst die Schule beginnt, wird die Zeit knapp, und der erste Misserfolg ist vorprogrammiert."*

Wie würden Sie entscheiden? Sicher wollen Sie Ihrem Kind so viel wie möglich fürs Leben und eben auch für das Leben in der Schule mitgeben. Dazu müssen Sie aber erst einmal feststellen, wo es Anregung und Unterstützung braucht. Selbstverständlich sollen Sie Ihr Vorschulkind dabei aber nicht mit Argusaugen begutachten und jedem kleinen Versagen oder Misserfolg gleich Bedeutung beimessen.

Vielleicht ist es der liebevoll-kritische Blick, ...

mit dem Sie Ihr Kind beobachten sollten, um herauszufinden, ob es gut gerüstet ist für den oft steinigen Weg über Lernzielkontrollen, Proben und Zeugnisse. Dieser Blick – und natürlich das nötige Wissen, worauf Sie achten sollten – lässt Sie gut erkennen, was Sie Ihrem Kind noch mitgeben können.

Es kommt nicht von ungefähr, dass in nahezu allen Ländern und Sprachräumen Kinder in vergleichbarem Alter, jeweils zwischen 6 und 7 Jahren, in die Schule kommen. Dann nämlich ist ein Kind in der Regel „schulreif". „Schulreif" heißt: Unser Kind hat im Laufe seiner Entwicklung die Fähigkeiten und Fertigkeiten ausbilden können, die es zum Lernen der Kulturtechniken Lesen, Schreiben, Rechnen und auch zum Erwerb von Wissen in vielen Gebieten wie Biologie, Heimatkunde etc. braucht. Unser Kind ist reif für das Denken, das Lernen und das soziale Miteinander in der Schule. „Schulreif" bezieht sich demnach nicht auf einen einzigen Entwicklungsbereich, sondern auf viele Aspekte

- der geistigen (kognitiven) Entwicklung
- der körperlichen (motorischen) Entwicklung
- der sozial-emotionalen Entwicklung

Zu diesen Bereichen gibt es praktische „Checklisten", die Sie für Ihr Kind durchgehen können, um zu erkennen, in welchen Bereichen Ihr Kind bereits reif für die Schule ist, in welchen anderen Bereichen es vielleicht aber auch noch nicht weit genug entwickelt ist, um in der Schule zurechtzukommen. Solche Warnhinweise müssen Sie ernst nehmen, um Ihr Kind nicht sehenden Auges in Probleme laufen zu lassen, für deren Bewältigung es einfach noch nicht reif genug ist.

„Schulreife" ganz speziell fürs Lesen- und Schreibenlernen

Da es in diesem Buch schwerpunktmäßig um das Lesen- und Schreibenlernen geht, wollen wir Ihnen jetzt zuerst die Signale vorstellen, die im Vorschulalter als Vorboten einer späteren Lese-Rechtschreib-Schwäche (Legasthenie) auftreten können. Es sind also *spezifische Hinweise* auf drohende Schwierigkeiten beim Lesen- und Schreibenlernen. Zum Ende dieses Kapitels finden Sie dann noch eine kurze Zusammenstellung weiterer Entwicklungsbereiche, die *ganz allgemein* für den Schulerfolg von Bedeutung sind.

Was Ihnen als Eltern auffallen kann

Jakob, der keine Gedichte mag

Jakob (5 Jahre alt) ist mit Begeisterung Vorschulkind. In seinem Kindergarten gibt es ein spezielles Vorschulprogramm: Hier machen die Vorschulkinder mit ihrer Erzieherin im „Super-Großen-Zimmer" täglich verschiedene Übungen zum Konzentrieren, zum Zählen, zum Miteinander-Umgehen, zum Kennenlernen von Tieren oder Pflanzen und vielem mehr. Jakob erzählt zu Hause begeistert davon und gibt Eltern und Geschwistern gern Kostproben seines neu erworbenen Wissens. Manchmal wird gereimt – aber diese Spiele hasst Jakob. Er kann sich kleine Gedichte nicht merken, die Reime am Ende sind ihm keine Hilfe. Jakob erzählt die Gedichte lieber sinngemäß nach, aber damit kann er seine Zuhörer nicht begeistern. Auch die Texte von Liedern bleiben nicht in seinem Kopf. Silbenklatschen fällt ihm ebenso schwer. Er hört einfach nicht, wo die eine Silbe endet und die andere beginnt, kann sich den Rhythmus nicht merken. So kommen die Singspiele aus dem Kindergarten selten „heil" zu Hause an.

Was fehlt Jakob? Er kann zwar den Inhalt von Gedichten wiedergeben, nicht jedoch die Gedichte in ihrer gereimten Form. Und auch mit dem Klatschen im Silbentakt kommt er nicht zurecht. Jakob mangelt es an **phonologischer Bewusstheit**. Er hat noch keinen Einblick in den Klang der gesprochenen Sprache. Wir wissen, dass das Reimen und das Erkennen von Silben als frühe Form der phonologischen Bewusstheit die Basis für das spätere Erkennen von Lauten im Wort darstellt.

Natürlich hat Jakob noch fast ein ganzes Jahr Zeit, bis er in der Schule vor der schwierigen Aufgabe steht, ein Wort in die einzelnen Laute zu zerlegen, um zu hören, welche Buchstaben zu schreiben sind. Doch wenn schon jetzt das Fundament wackelt, wird er auch in Zukunft nicht sicher darauf bauen können. Für Jakob kündigen sich nun schon Probleme beim späteren Lesen- und Schreibenlernen an. Darauf wurde seine Mutter von der Erzieherin hingewiesen. Nach einem gezielten Test hat sie ihn in der Frühförderstelle angemeldet. Hier kann er spielerisch ein Gespür für den Klang der Sprache entwickeln.

Paula: „Wie heißt denn noch die Farbe – Rot oder Blau?"

*Eigentlich kennt **Paula** (5 Jahre alt) alle Grundfarben. Manchmal jedoch ist ihre Mutter erstaunt, denn dann scheint Paulas Wissen wie weggeblasen. Neulich musste sie beispielsweise richtig lange nachdenken, als sie nach der Farbe von Papas Auto gefragt wurde. „Aber Paula, das weißt du doch"! „Ja schon, aber es ist mir gerade nicht so schnell eingefallen." Als Paulas Mutter dann auch noch auffällt, dass ihre Tochter beim Betrachten von Familienfotos immer wieder die Namen der Cousins und Cousinen durcheinanderwirft, oder ringen muss, bis ihr beim Durchblättern eines Tiermagazins das Wort „Ziege" einfällt, spricht sie ihren Kinderarzt auf diese „Wissenslücken" an.*

Natürlich ist Paula keine „zerstreute Professorin", sie hat aber in der Tat ein Gedächtnisproblem – sie kann nämlich vorhandenes Wissen nicht schnell und mühelos abrufen. Normalerweise erfolgt der **Abruf aus dem Langzeit-Gedächtnis** bei solch vertrauten Fakten wie Farben, Haustieren oder Namen von Familienmitgliedern „**automatisiert**". Das heißt: Schon ein Vorschulkind muss nicht lange nachdenken – die entsprechende Bezeichnung „schießt ihm in den Kopf" und kann sofort ausgesprochen werden. Nicht so bei Paula – sie muss sich dieses Wissen mühevoll „aus dem Kopf saugen".

Nun wird sie aber in einigen Monaten beim Schreibenlernen vor folgende Anforderungen gestellt werden: Sie wird lernen, welcher Buchstabe zu einem bestimmten Laut gehört (also der Buchstabe „a" zum /a/, das „l" zum /l/ usw.). Und diese Verbindungen müssen automatisiert werden, also ganz schnell und sicher aus dem Gedächtnis abgerufen werden, damit das Schreiben gelingen kann. Im Moment ist zu befürchten, dass Paula diese Automatisierung künftig nicht gelingt, dass sie also bei jedem Laut lange überlegen muss, welcher nun der dazugehörige Buchstabe ist. Damit sind Schwierigkeiten und Misserfolge vorprogrammiert. Der Kinderarzt rät zu einer Frühförderung, bei der ein „Speichertraining" das Einspeichern und das Abrufen von Wissen erleichtert.

Jule mit dem Sieb im Kopf

Jule ist 5 Jahre alt. Früher dachte ihre Mutter, ihre Tochter würde sich nur das merken, was sie interessiert, bei anderen Themen habe sie ein Gedächtnis „wie ein Sieb". Heute weiß die Mutter, dass Jules Gedächtnis auch bei hochinteressanten Dingen versagt. „Jule fragt ständig nach. Wenn ich ihr eben etwas erklärt habe, fragt sie nach 5 Sekunden das gleiche noch mal. Wenn ich sie bitte, drei Tomaten aus dem Kühlschrank zu holen, kommt sie garantiert mit einer oder vier Tomaten an." Ganz schwierig wird's bei mehrgliedrigen Aufträgen, wenn Jule beispielsweise eine Flasche aus dem Keller holen und dabei die Gummistiefel nach unten bringen soll – eins von beiden klappt meist nicht. Dabei hört sie gut und konzentriert zu, manchmal wiederholt sie den Auftrag sogar. Trotzdem ist oft schon nach zwei Sekunden alles wie weggeblasen.

Als Jule von einer Psychologin getestet wird, stellt sich heraus, dass sie eine Schwäche im **Kurzzeit-Gedächtnis** hat. Bei diesem Test muss sie eine Anzahl von Wörtern oder Zahlen nachsprechen. Während Kinder in ihrem Alter sich üblicherweise schon etwa drei Elemente merken können, gelingt Jule das nicht. Auch Phantasiewörter (etwa „rugalido") kann sie nicht nachsprechen, da sie sich die Folge der Laute nicht über wenige Sekunden merken kann.

Das Kurzzeit-Gedächtnis ist außerordentlich wichtig für das spätere Lesen- und Schreibenlernen, weil unser Kind immer wieder Laute oder Buchstabenfolgen zwischenspeichern muss, während es liest oder schreibt. So muss es beispielsweise beim Lesen die bereits gelesenen Laute im Kopf behalten, während es das Wort zu Ende liest, um dann das gesamte Wort auszusprechen.
Wenn wir feststellen, dass unser Kind mit dem kurzfristigen Merken (über wenige Sekunden) Probleme hat, so muss als erstes geklärt werden, ob vielleicht

mangelnde Aufmerksamkeit dafür verantwortlich sein kann. Vielleicht hat unser Kind ja gar nicht aufgenommen, was wir von ihm wollen. Erst wenn klar ist, dass unser Kind auch bei konzentriertem Zuhören Informationen nicht kurzfristig speichern kann, wird von Fachleuten eine Schwäche des Kurzzeit-Gedächtnisses diagnostiziert.

Bis heute gibt es keine wissenschaftlich belegte Möglichkeit, das Kurzzeit-Gedächtnis zu trainieren. Das heißt: Unser Kind muss mit dieser Schwäche leben. Aber es ist gerade für uns Eltern und Lehrer wichtig, eine solche Schwäche eines Kindes zu kennen. Zum einen können wir es vor falschen Verdächtigungen schützen *(„Hast du etwa wieder nicht richtig zugehört?")*, zum anderen gibt es viele Hilfestellungen und kleine Tricks, die wir unserem Kind als Gedächtnis-Stützen anbieten können.

Liebe Eltern

Bei Jakob, Paula und Jule können wir – vorausgesetzt, wir betrachten unser Kind aufmerksam und wissen, worauf wir achten müssen – Hinweise auf Risikofaktoren für spätere Lese-Rechtschreibprobleme entdecken. Bei Jakob lässt sich eine starke Antipathie für Reim-, Silben- und Singspiele feststellen. Paula tut sich hingegen schwer, vorhandenes Wissen schnell und sicher aus dem Langzeit-Gedächtnis hervorzuholen, und Jule hat Probleme mit dem kurzzeitigen Merken.

Alle drei Bereiche, nämlich die phonologische Bewusstheit (Jakob), der Abruf aus dem Langzeit-Gedächtnis (Paula) und die Speicherung im Kurzzeit-Gedächtnis (Jule) werden von Fachleuten unter dem Terminus **„phonologische Informationsverarbeitung"** zusammengefasst. Diesen Begriff kann man in etwa so erklären, dass ein „Gefühl" für den Klang der gesprochenen Sprache für eine Vielzahl geistiger Leistungen grundlegend ist. So muss ein Kind den Klang oder die Lautstruktur der Sprache fehlerlos verarbeiten können, um die einzelnen Lautbestandteile von Wörtern heraus zu hören – aber auch, um dazugehörige Informationen aus dem Langzeit-Gedächtnis abrufen zu können. Und schließlich ist es auch für das Zwischenspeichern im Kurzzeit-Gedächtnis unerlässlich, dass Klanginformationen korrekt aufgenommen und verarbeitet werden. All diese drei Aspekte der phonologischen Informationsverarbeitung sind von entscheidender Bedeutung für das Lesen- und Schreibenlernen, wobei die phonologische Bewusstheit nach momentanem Kenntnisstand die Hauptrolle spielt.

- Achten Sie doch einmal ganz bewusst darauf, ob Ihr Vorschulkind mit dem *Reimen* klarkommt, ob es *Silben klatschen* kann.
- Besprechen Sie mit der Erzieherin im Kindergarten, ob sich Ihr Kind mit entsprechenden Spielen (Gedichte lernen und aufsagen, Liedertexte einprägen, Mitklatschen) genau so freudig beschäftigt wie seine gleichaltrigen Kameraden in der Gruppe, oder ob es solche Spiele zu meiden sucht, sich gern dabei ausklinkt.
- Wie steht es mit dem Gedächtnis Ihres Kindes? Kann es sich *Sachen gut merken*, auch wenn sie nicht hochinteressant für das Kind selbst sind? Kann es *kurze Aufträge behalten* – oder fordert es immer wieder Informationen nach, die Sie schon längst gegeben haben?

Sollten Sie feststellen, dass Ihr Kind sich im Vorschulalter in einem dieser Bereiche schwer tut, dann scheuen Sie sich bitte nicht, Ihr Kind im Frühdiagnosezentrum oder bei der Frühförderstelle vorzustellen, um Tipps zu bekommen, wie Sie Ihr Kind unterstützen können.

Wann sollten Sie Ihr Vorschulkind auf ein Legasthenie-Risiko hin untersuchen lassen?

Neben diesen ganz speziellen Beobachtungen, die Sie im Alltag – und vor allem im Austausch mit der Erzieherin – machen können, gibt es noch weitere Hinweise, die Sie unbedingt zum Anlass nehmen sollten, Ihr Kind im Vorschulalter auf ein Legasthenie-Risiko untersuchen zu lassen:

Gibt es in Ihrer Familie (Geschwister, Eltern, Großeltern) bereits Fälle von Legasthenie ?

In der Praxis erfahren wir immer wieder, dass Eltern legasthener Kinder sich erinnern, dass sie selbst sich unendlich schwer taten mit dem Lesen- und Schreibenlernen: Oder plötzlich kommt das Gespräch auf den Großvater, der sich immer vor dem Schreiben drückte, weil seine Werke vor Fehlern strotzten. Sicherlich fehlte in früheren Zeiten die Erkenntnis, dass es sich hier um eine Legasthenie handeln könnte. Trotzdem sind solche Hinweise von entscheidender Bedeutung. Wir wissen mittlerweile, dass es bei der Legasthenie eine genetische Komponente gibt, die zu einer „familiären Häufung" führt. Darum nehmen Sie bitte solche Hinweise ernst und lassen Sie Ihr Kind frühzeitig untersuchen.

Gab es Auffälligkeiten in der Sprachentwicklung Ihres Kindes?

- Hat Ihr Kind – verglichen mit seiner sonstigen Entwicklung – auffällig spät gesprochen?
- Hat es sich auffällig lange nur mit Ein- oder Zweiwortsätzen verständigt?
- Hat es lange Zeit Sätze falsch aufgebaut (*„Nina spielen will Hund"*)?

- Ist Ihnen vielleicht aufgefallen, dass Ihr Kind im Vergleich zu Gleichaltrigen nur wenige Wörter benutzt (geringer aktiver Wortschatz)?
- Gab es einen Stillstand in der Sprachentwicklung Ihres Kindes, sodass es abirgendeinem Punkt kaum mehr neue Wörter lernte, die Sätze nicht länger wurden?

Hier sind nur einige Hinweise auf eine auffällige Sprachentwicklung aufgelistet. Die Sprachentwicklung ist ein zentrales Thema in der Entwicklung unseres Kindes. Denn sie spiegelt auch immer Aspekte seiner geistigen Entwicklung wider. Das Kind kann nur das benennen, was es erkennt, kann nur die Begriffe korrekt verwenden, die es verstanden hat. Darum müssen wir Auffälligkeiten beim Sprechenlernen immer ernst nehmen, denn sie können Hinweise auf unterschiedliche Störungsbereiche geben.

Sprachentwicklungsstörungen können Vorboten unterschiedlichster späterer Lernstörungen sein. Sie müssen nicht unbedingt in eine Legasthenie münden und sind genau genommen auch nicht als spezifische Hinweise auf ein Legasthenie-Risiko zu sehen. Um der großen Bedeutung der Sprachentwicklung für die Schriftsprachentwicklung gerecht zu werden, soll das Thema dennoch schon hier behandelt werden.

Gesprochene und geschriebene Sprache sind eng miteinander verbunden und stehen in wechselseitiger Beziehung zueinander. Es gibt einen starken Zusammenhang zwischen gutem Hören, deutlichem Sprechen und richtigem Schreiben. Selbstverständlich sind die oben aufgeführten Auffälligkeiten (kurze Sätze, kleiner Wortschatz usw.) bei jedem Kind im Laufe seiner Sprachentwicklung ganz natürlich vorhanden. Kritisch wird es also erst dann, wenn unser Kind auffällig lange stehen bleibt, wenn die Sätze nicht komplexer werden, der Wortschatz sich nicht vergrößert. Dann sollten Sie Ihren Kinderarzt auf Ihre Beobachtungen ansprechen.

Macht Ihr Kind häufiger Aussprache-Fehler?

Fällt es Ihnen immer wieder auf, dass Ihr Kind Wörter, die es neu lernt – wie beispielsweise die Bezeichnung eines Urlaubsortes oder den etwas ungewöhnlichen Namen eines neuen Freundes – lange falsch ausspricht? So könnte zum Beispiel aus dem „Emmental" das „Ennental" werden, aus „Ferdinand" ein „Ferginand" usw. Hierfür kommen zwei verschiedene Erklärungen in Betracht:

- Ihr Kind hört die Lautfolge des Wortes tatsächlich nicht richtig, kann feine Lautunterschiede (/m/ und /n/; /d/ und /g/) nicht erkennen und spricht das Wort dementsprechend falsch nach.
- Ihr Kind hat feinmotorische Probleme, die sich auch bei der Artikulation zeigen. So verfügt das Kind nicht über ausreichende Kontrolle über die Feineinstellungen im Mundbereich und kann die Laute nicht korrekt aussprechen.

Bitte nehmen Sie hartnäckige Aussprachefehler nicht auf die leichte Schulter und stellen Sie Ihr Kind beim Logopäden vor. Ein Aussprachefehler, den wir bei einem Kleinkind vielleicht noch als „goldig" empfinden, muss sich keinesfalls im Laufe der Entwicklung von selbst verlieren. Vielmehr besteht die Gefahr, dass unser Kind beim späteren Erlernen der Schriftsprache seine Artikulation nicht hinreichend nutzen kann und Schwierigkeiten bekommt – ganz zu schweigen von den Hänseleien, denen ein älteres Kind mit Artikulationsproblemen ausgesetzt ist.

Haben Sie manchmal den Eindruck, Ihr Kind höre schlecht, obwohl beim Ohrenarzt alles okay war?

Hat Ihr Kind Schwierigkeiten beim Zuhören, wenn Hintergrund-Geräusche im Raum sind (andere spielende Kinder, Straßenlärm, Radio …)? Hierfür verwenden Fachleute den passenden Begriff „Cocktail-Party-Effekt". Kann Ihr

Kind Lautstärke nicht angemessen beurteilen, nicht zuverlässig in „lauter" und „leiser" einordnen?

Müssen Sie Ihr Kind immer direkt ansprechen, damit es Informationen aufnimmt, kann es also kaum „nebenbei" etwas mitbekommen? Haben Sie öfter den Eindruck, Ihr Kind höre nicht richtig zu, obwohl es doch eigentlich bemüht scheint?

Verwechselt Ihr Kind einzelne vorgesprochene Wörter (Nagel-Nabel-Nadel / Kabel-Nabel / Biene-Miene / Moos-los / Beine-Leine-meine-keine…) Achtung: Innerhalb von ganzen Sätzen („*Hol' mir bitte eine Nadel*") wird Ihr Kind die Wörter nicht verwechseln. Denn aus der Situation heraus erklärt sich oft, welches der ähnlich klingenden Wörter gemeint ist (Ihr Kind wird beim Basteln sicher nicht einen „Nabel" holen wollen). Wie aber steht es, wenn die Wörter einfach so vorgesprochen werden. Klappt dann die genaue Unterscheidung? Die hier angesprochenen Auffälligkeiten deuten auf eine Schwäche in der zentralen Hörverarbeitung (Zentrale Störung der auditiven Wahrnehmung: ZSAW) hin. Hier geht es also nicht um das Hören „im Ohr selbst", das in der normalen Untersuchung beim Ohrenarzt geprüft wird, sondern um die Weiterverarbeitung des Hörsignals im Hörnerv und im Gehirn. In diesem Zusammenhang sind auch chronische Mittelohrentzündungen im Kleinkindalter von Bedeutung. Sie können unter Umständen für solche Beeinträchtigungen verantwortlich sein. Eine zentrale Hörstörung führt nicht nur dazu, dass unser Kind im Klassenzimmer, in dem ja immer ein gewisser Pegel an Hintergrund-Geräuschen herrscht, kaum die Stimme des Lehrers herausfiltern kann, um sich darauf zu konzentrieren („Cocktail-Party-Effekt"). Sie führt auch zu Schwierigkeiten in der Unterscheidung einzelner Laute und behindert dadurch die Ausbildung der phonologischen Bewusstheit. Eine Untersuchung auf ZSAW dauert wesentlich länger als ein gewöhnlicher Hörtest beim Ohrenarzt und wird in den HNO-Abteilungen der Universitätskliniken und in Hörgeschädigten-Zentren durchgeführt. Hier gibt es auch Informationen über nachfolgende Behandlungen und Erleichterungsmöglichkeiten im schulischen Alltag.

Was tun,
wenn die Warnlampe blinkt?

Nachdem nun eine ganze Reihe möglicher Warnsignale vorgestellt wurden, stellt sich natürlich die Frage, was Sie als Eltern oder als ErzieherIn unternehmen können, wenn Sie ein Kind gut beobachtet haben und tatsächlich einige Hinweise auf mögliche ernste Problembereiche gefunden haben. Sicherlich malen Sie den Teufel nicht an die Wand. Aber Sie wollen Gewissheit, und das ist Ihr gutes Recht – und das Ihres Kindes. Darum sollten Sie sich auch nicht als übervorsichtig oder übermäßig ehrgeizig abtun lassen, wenn Sie nun noch im Vorschulalter ein Legasthenie-Risiko abklären lassen wollen, um Ihrem Kind gegebenenfalls spielerisch zu helfen – noch bevor es in den Brunnen fällt, sprich: in der Schule die ersten Misserfolge einstecken muss.

Ein Legasthenie-Risiko frühzeitig feststellen:
Der Test fürs Vorschulalter

Das *Bielefelder Screening zur Früherkennung von Lese-Rechtschreibschwierigkeiten (BISC)* wurde in langjähriger Forschungsarbeit an der Universität Bielefeld von einer spezialisierten Forschergruppe (H. Jansen, G. Mannhaupt, H. Marx und H. Skowronek) entwickelt und wissenschaftlich überprüft. Dieser Test kann exakt zu zwei Zeitpunkten im Vorschulalter durchgeführt werden – nämlich zehn Monate oder vier Monate vor der Einschulung. Die Ergebnisse ermöglichen dann eine zuverlässige Vorhersage eventueller späterer Lese-Rechtschreib-Schwierigkeiten.

Was bedeutet eigentlich Screening?

Das englische Wort „screen" bedeutet „Gittersieb". Wir kennen solche Siebe aus den Sandkastenspielen: Sie sind recht grobmaschig, der meiste Sand fällt hindurch, und nur einige wenige grobe Steinchen bleiben hängen. So müssen wir uns auch die Wirkungsweise dieses Vorschultests vorstellen: Die meisten Kinder gelangen mühelos durch das Netz der gestellten Aufgaben, denn die sind für das Gros der Vorschulkinder relativ einfach. Nur einige wenige Kinder bleiben „hängen", das heißt, sie können die Aufgaben nicht lösen. Das sind unsere Risikokinder.

Wer kann diesen Vorschultest durchführen?

Dieser Vorschultest kann von psychologischem oder pädagogischem Fachpersonal durchgeführt werden und wird von ErzieherInnen, Ergotherapeuten, Logopäden, Heilpädagogen, Mitarbeitern von Frühdiagnosestellen, Frühförderstellen, Erziehungsberatungsstellen und in weiteren Einrichtungen angewendet. Auch Schulpsychologen arbeiten mit dem Test, etwa im Rahmen der Klärung der Schulreife eines Kindes. Hier ist zu beachten, dass das Bielefelder Screening ausschließlich für die Untersuchung von Vorschulkindern gedacht ist. Kinder, die bereits eingeschult sind, oder Kinder, die nach wenigen Wochen in der Schule in den Kindergarten rückversetzt wurden, können damit nicht mehr zuverlässig untersucht werden.

Was wird im Bielefelder Screening getestet?

Grundlage für die Entwicklung dieses Vorschultests ist die Erkenntnis, auf die auch in diesem Buch schon mehrfach hingewiesen wurde: Dass nämlich unsere Kinder beim Lesen- und Schreibenlernen in der Schule nicht „von der Pike auf" anfangen, sondern auf Fähigkeiten und Fertigkeiten bauen müssen, die sich schon lange vorher entwickelt haben. Entsprechend gibt es zwischen den einzelnen Kindern auch große Unterschiede in diesen so genannten „Vorläuferfunktionen": Während die meisten Kinder gut gerüstet sind, bringen einige Kinder nur ganz wenig mit, sodass ihr Fundament zu dünn ist, um darauf bauen zu können.

Das wird im BISC untersucht, indem die wichtigsten Vorläufer-Merkmale des Lesen- und Schreibenlernens getestet werden – nämlich:
● die phonologische Bewusstheit *
● der Abruf aus dem Langzeit-Gedächtnis *
● die Zwischenspeicherung im Kurzzeit-Gedächtnis *
● die visuelle Aufmerksamkeitssteuerung

Die mit * gekennzeichneten Bereiche wurden bereits zu Beginn dieses Kapitels beschrieben. Denn hierzu können Eltern und ErzieherInnen auch im Alltag wertvolle Beobachtungen sammeln. Im Bielefelder Screening gibt es nun zu diesen Bereichen und zu einem weiteren – nämlich der visuellen Aufmerksamkeit – speziell ausgearbeitete Aufgaben, mit denen eine über die Alltagsbeobachtung hinausgehende zuverlässige Diagnostik möglich wird.
Die **phonologische Bewusstheit** wird mit Aufgaben zum *Reimen* (z.B.: *„ Was reimt sich: Kind-Wind oder Kind-Stuhl? ")* zum *Silbenklatschen* (z.B.: „Gabel", „Federball") und mit einem *Laut-zu-Wort-Vergleich* (z.B.: *„ Hörst du ein /i/ in Auto? ")* getestet. Außerdem wird beim *Laute-Assoziieren* ein Wort getrennt vorgegeben, z.B. /ts/-/ange/ – und das Kind darf aus vier Bildern das entsprechende (die Abbildung der Zange) aussuchen.
Der **Abruf aus dem Langzeit-Gedächtnis** wird mit einer Aufgabe zum *Schnellen Benennen von Farben* überprüft. Dabei soll das Kind bei 24 schwarz-

weiß gezeichneten Objekten (Salat, Tomate, Pflaume, Zitrone) möglichst schnell die entsprechende Farbe benennen. In einem zweiten Durchgang werden die Objekte in falschen Farben dargeboten – und das Kind soll wiederum möglichst schnell die richtigen Farben nennen.

Die **Zwischenspeicherung im Kurzzeit-Gedächtnis** wird über *Phantasiewörter* (z.B. „zippelzack", „bunitkonos") getestet, die dem Kind vorgesprochen und von ihm nachgesagt werden.

Die **visuelle Aufmerksamkeitssteuerung** ist gerade für die Anfangsphase des späteren Lesen- und Schreibenlernens wichtig, da die Kinder hier immer wieder visuelles Material, nämlich Buchstaben, aufmerksam vergleichen müssen, um die entscheidende Information herauszufiltern. So unterscheiden sich beispielsweise „b" und „d" hinsichtlich der räumlichen Lage, bei „e" und „l" (in Schreibschrift) macht die Größe den Unterschied aus, während sich „m" und „n" in der Häufigkeit der Bögen unterscheiden.

Warum wird in diesem Vorschultest schon mit Buchstaben-Material gearbeitet, obwohl die Kinder noch gar nicht lesen können? Weil sich die Schwächen späterer Legastheniker im Test speziell bei der Verwendung von Buchstaben zeigen. Das hat die Forschung klar bewiesen. Die Überprüfung von Raum-Lage-Wahrnehmung, Figur-Grund-Orientierung oder sonstigen Aspekten der visuellen Wahrnehmung bringt weniger als das Testen mit Buchstaben. Es geht also allein um das genaue visuelle Vergleichen.

So kommt in der Wort-Vergleich-Suchaufgabe etwa die folgende Karte zum Einsatz:

Wein
Bein Wein Garn Ruin

Und unser Kind soll herausfinden, welches der unteren vier Wörter genau so *aussieht* wie das obere.

Wie läuft die Testdurchführung ab?

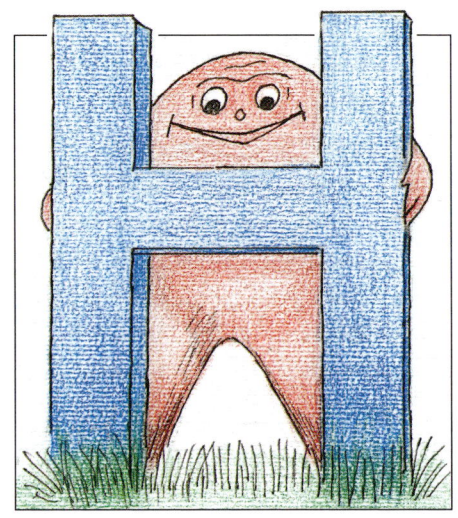

Die Untersuchung mit diesem Vorschultest dauert etwa 20 bis 30 Minuten. Am günstigsten ist es, das BISC zu beiden möglichen Zeitpunkten – also 10 Monate vor der Einschulung und dann noch einmal vier Monate vor der Einschulung – durchzuführen. Dadurch erhöht sich zum einen die Zuverlässigkeit der Prognose, andererseits haben wir dann die Möglichkeit, nach einem Risiko-Ergebnis in der ersten Testung unser Kind spielerisch zu fördern und in der zweiten Testung zu sehen, ob die Förderung angeschlagen hat und unser Kind nun gut gerüstet ist fürs Lesen- und Schreibenlernen.

Wie verkraftet mein Kind die Testung?

Es hängt immer ganz entscheidend vom Testleiter oder der Testleiterin ab, wie die Untersuchung abläuft: Ob unser Kind die Situation als unangenehm, vielleicht gar als beängstigend erlebt, oder ob es schnell locker und vertraut wird und mit Freude zeigt, was es schon alles kann. Darum erkundigen Sie sich nach der Qualifikation und der Erfahrung des Testleiters. Hat er oder sie schon häufig mit Vorschulkindern gearbeitet? Ist er/sie mit dem BISC vertraut? Es ist von entscheidendem Vorteil, wenn Kind und Testleiter sich vorher in einer entspannten Spielsituation kennen lernen. Nach unserer Erfahrung lässt sich die Testung sehr spielerisch gestalten, sodass die Kinder freudig mitmachen und keinerlei Misserfolg erleben, wenn sie etwas noch nicht richtig lösen können.

Was geschieht, wenn bei meinem Kind tatsächlich ein Legasthenie-Risiko festgestellt wird?

Zuerst einmal: keine Panik – Sie haben noch viel Zeit. Tatsächlich können Sie erst einmal froh sein, dass Sie den Schritt zur Untersuchung gewagt haben und dadurch noch frühzeitig die Chance haben, Ihr Kind vor der Einschulung spielerisch zu unterstützen, bzw. von Fachleuten unterstützen zu lassen. Sicherlich wird die Einrichtung, die das Risiko festgestellt hat, Ihnen nun eine Förderung Ihres Kindes anraten. Hierzu empfiehlt sich ein Trainingsprogramm zur phonologischen Bewusstheit, wie wir es Ihnen im nächsten Kapitel vorstellen. Hier sind Übungen und Spiele enthalten, die beispielsweise in der Kindergarten-Gruppe oder beim Ergotherapeuten durchgeführt werden. Auch Sie als Eltern bekommen Spielanleitungen und Tipps, sodass Sie Ihrem Kind gemeinsam einen guten und ungetrübten Start ins Schülerleben ermöglichen können.

„Schulreife" ganz allgemein: Was ist sonst noch wichtig?

Lesen und Schreiben ist nicht alles – da haben Sie völlig Recht. Mit der Einschulung kommt eine Vielzahl neuer Eindrücke, Erfahrungen und auch Anforderungen auf unser Kind zu. Dabei nimmt das Lesen- und Schreibenlernen aber eine Sonderstellung ein und ist ganz besonders wichtig – und das merken wir vor allem dann, wenn ein Kind dabei versagt.

Wie schnell wird ein Kind, das mit dem Schreibenlernen nicht vorankommt, als „dumm" bezeichnet und schätzt sich sehr bald selbst so ein. Dann wird geübt und geübt – und wenn es nichts fruchtet, geht das häufig zu Lasten der Beziehung zwischen Mutter und Kind. Hier Selbstvorwürfe (*„Ich habe vielleicht nicht genug mit meinem Kind geübt. Vielleicht sollte ich mehr Druck machen"*) – und da das ständige Gefühl, den Ansprüchen der Erwachsenen nicht genügen zu können.

Lesen und Schreiben ist nun mal ein hauptsächliches Thema zu Beginn einer „Schulkarriere". Viele Lehrkräfte betonen, dass ihre Kinder spätestens bis Weihnachten (also nach nur drei (!) Monaten Schule) alles lesen können. Laut Lehrplan soll der „Schriftspracherwerbsprozess" nach dem zweiten Schuljahr im Wesentlichen abgeschlossen sein. Da wird sehr leicht die Zeit knapp.

Lesen und Schreiben greift in fast alle Schulfächer über und beeinflusst den Erfolg (oder Misserfolg) des Kindes. Wie will ein Kind Wissen über ein Sachkundethema erwerben, wenn es den Lernstoff nur mit größter Mühe entziffern kann? Wie soll es gar sein Wissen bei einer „schriftlichen Leistungsabfrage" aufs Papier bringen? Wie soll es Textaufgaben in Mathematik verstehen?

Lesen und Schreiben ist tatsächlich nicht alles. Aber es ist von grundlegender Bedeutung dafür, ob unser Kind in der Schule gut zurechtkommt oder ob es die Schule von Anfang an mit Versagen, Misserfolg, Angst und Verzweiflung verbindet.

Der Vollständigkeit halber wollen wir Sie hier noch auf einige weitere Entwicklungsbereiche hinweisen, die für die Schulreife eines Kindes von besonderer Bedeutung sind

Keine Checklist – nur einige Hinweise wollen wir Ihnen im Folgenden an die Hand geben, damit Sie sich im Großen und Ganzen einen Eindruck von der Schulreife Ihres Kindes machen können.

Wie steht es um ...

- **die visuelle Wahrnehmung Ihres Kindes?**
  Kann Ihr Kind auf Bildern optische Feinheiten erkennen, sich auf einen Bildausschnitt konzentrieren? Interessiert es sich für Puzzles, Memory- oder Brettspiele – oder meidet es solche Spiele, bei denen man ganz genau hinschauen muss? Interessiert es sich schon ein wenig für Buchstaben oder Zahlen? Kann es diese form- und richtungsgetreu nachmalen?

- **die Motorik (Grobmotorik und Feinmotorik) Ihres Kindes?**
  Wirkt Ihr Kind bei Bewegungen sicher und wendig oder ungelenk und tolpatschig? Kann es einen Stift im Dreifingergriff (Daumen, Zeige- und Mittelfinger) sicher und unverkrampft halten und mit Schere und Bastelmaterialien sicher hantieren? Kann es Linien und einfache Formen (Quadrate, Kreise) erkennbar abzeichnen? Malt Ihr Kind gern und ausdauernd? Kann es beim Malen eigene Ideen entwickeln und diese verwirklichen? Hat Ihr Kind Freude am Ausmalen? Malt es schwungvoll oder krakelig-verkrampft?

- **die Konzentrationsfähigkeit Ihres Kindes?**
  Kann Ihr Kind über längere Zeit bei einer Beschäftigung bleiben, oder ist es ständig am Wechseln? Zeigt es auch in Situationen, in denen es nicht seiner Lieblingsbeschäftigung nachgeht, eine gewisse Ausdauer (bei Tisch, im Spiel mit anderen Kindern, beim Erledigen kleiner Aufgaben im Haushalt etc.)? Kann Ihr Kind bei einer Beschäftigung ruhig sitzen, oder ist es ständig am Zappeln?

- **die soziale Entwicklung Ihres Kindes?**
  Kommt Ihr Kind mit Gleichaltrigen zurecht? Kann es im Spiel mit diesen eigene Ideen verwirklichen, sich aber auch einmal eingliedern und Regeln und Ideen der anderen akzeptieren? Verkraftet Ihr Kind Enttäuschungen? Kann es sich auch ohne Erwachsenen an seiner Seite in der Gruppe be-

haupten? Freut sich Ihr Kind auf die anderen Kinder in der künftigen Klasse?

- **die schulbezogene Motivation Ihres Kindes?**
  Ist Ihr Kind neugierig auf die Schule? Genießt es im Kindergarten seine besondere Stellung als Vorschulkind? Hat es schon Interesse an Buchstaben und Zahlen? Freut sich Ihr Kind auf das Lernen in der Schule? Ist es gespannt auf die Lehrerin?

Gehen Sie diese Fragen einmal in Bezug auf Ihr Kind durch. Sicherlich ist kein Kind in allen Bereichen gleichermaßen „optimal schulreif". Wenn es hier noch ein wenig schwächer ist, wird es dort ein wenig stärker sein – das ist auch gut so. Sollte bei einigen Punkten die Alarmleuchte in Ihrem Kopf blinken, so gehen Sie die Fragen mit der Erzieherin im Kindergarten noch einmal durch. Hier erfahren Sie auch, ob sich Ihr Kind noch „im normalen Rahmen" bewegt oder vielleicht doch seinen gleichaltrigen Kameraden weit hinterher hinkt. Beraten Sie sich mit der Erzieherin und Ihrem Kinderarzt, ob Ihr Kind von einer Ergotherapie profitieren könnte. Gerade im Vorschulalter gibt es in diesem Rahmen gute Möglichkeiten, Ihr Kind in diesen Entwicklungsbereichen zu fördern.

Kapitel 5: Das Wichtigste in Kürze

- Engagierte Eltern und ErzieherInnen können eine Reihe von Hinweisen auf ein Legasthenie-Risiko bei einem Vorschulkind entdecken. Diese Hinweise beziehen sich auf die Fähigkeit des Kindes im Umgang mit Reimen und Silben (*phonologische Bewusstheit*), auf seinen Abruf von Informationen aus dem *Langzeit-Gedächtnis* und auf seine Fähigkeiten, kurzfristig Informationen zu behalten (*Kurzzeit-Gedächtnis*).

- Bei den oben genannten Hinweisen – aber auch dann, wenn in der Familie bereits Fälle von Legasthenie bekannt sind, wenn Auffälligkeiten in der Sprach- oder Hörentwicklung des Kindes bestanden oder noch bestehen – sollte im letzten Kindergarten-Jahr ein Test durchgeführt werden, in dem man feststellen kann, ob ein Legasthenie-Risiko besteht.

- Dieser Test, das *Bielefelder Screening zur Früherkennung von Lese- und Rechtschreibschwierigkeiten (BISC)* kann von ErzieherInnen im Kindergarten und von Fachkräften in verschiedenen pädagogischen oder psychologischen Einrichtungen durchgeführt werden. Er dauert lediglich 20 bis 30 Minuten und erlaubt die Vorhersage des Erfolges (oder Misserfolges) beim späteren Lesen- und Schreibenlernen mit sehr guter Zuverlässigkeit.

- Sollte sich in diesem Test ein Legasthenie-Risiko bestätigen, so kann eine vorschulische spielerische Förderung die Prognose des betroffenen Kindes deutlich verbessern und vor dem Ausbruch einer Legasthenie schützen.

● Schulreife bezieht sich natürlich nicht nur auf die speziellen Voraussetzungen für das Lesen- und Schreibenlernen. Insgesamt ist eine Kombination aus den Bereichen
   – der geistigen (kognitiven) Entwicklung
   – der körperlichen (motorischen) Entwicklung
   – der sozial-emotionalen Entwicklung
dafür verantwortlich, ob ein Kind für den Eintritt in die Schule und für das schulische Lernen mit Freude und Zufriedenheit reif ist.

6

Helfen, bevor das Kind „in den Brunnen fällt": Spielerische Förderung im Vorschulalter

In diesem Kapitel erfahren Sie, …

- aus welchen Übungen und Spielen das Trainingsprogramm zur phonologischen Bewusstheit besteht
- wie unsere Vorschulkinder diese Übungen als Spiele erleben und mit viel Freude daran teilnehmen
- wer diese Spiele mit den Vorschulkindern kompetent durchführen kann
- warum diese Förderung im Vorschulalter am rechten Platz ist und nicht bis zum Schuleintritt warten muss
- mit welchen Spielideen Sie als Eltern Ihr Kind zu Hause fördern können

Das Würzburger Trainingsprogramm zur phonologischen Bewusstheit

In Kapitel 4 wurde dargestellt, dass es in großen wissenschaftlichen Untersuchungen gelungen ist, Vorschulkinder auf spielerische Weise auf das spätere Lesen- und Schreibenlernen vorzubereiten. Die Kinder, die in den Genuss dieser Vorschulförderung gekommen waren, lernten dann in der Schule wesentlich einfacher Lesen und Schreiben. Sogar „Risikokinder" konnten mit diesem Programm vor dem Schicksal einer Legasthenie bewahrt werden.

Als diese Befunde in der Fachpresse erschienen, häuften sich Nachfragen von Eltern, ErzieherInnen und LehrerInnnen nach den Spielen. So liegt das Programm mittlerweile unter dem Titel *„Hören, Lauschen, Lernen"* im Buchhandel vor. Nun wollen wir Ihnen die Übungen und Spiele einmal – zumindest in groben Zügen – vorstellen:

Das Förderprogramm besteht aus sechs Übungseinheiten, die inhaltlich aufeinander aufbauen. Die Übungen sind sehr spielerisch gestaltet – mit vielen Bildern, Bewegungsspielen und vielen verschiedenen Materialien.

In den Spielen des Förderprogramms wird ausschließlich die phonologische Bewusstheit geübt.
Es geht nicht um das Lernen von Buchstaben oder gar um ein vorgezogenes Lesen- und Schreibenlernen.

Die Spiele des Trainingsprogrammes verfolgen das Ziel, die Vorschulkinder mit der Lautstruktur der gesprochenen Sprache vertraut zu machen. Wichtig: Es geht allein um das genaue Hinhören und Erkennen der einzelnen Laute, also nicht um Lesen und Schreiben im Kindergarten. Die Kinder lernen keine Buchstaben, sie üben ausschließlich die phonologische Bewusstheit, so wie sie in den vorangehenden Abschnitten beschrieben wurde. Das geschieht in den folgenden Übungseinheiten:

Die Übungseinheiten des Trainingsprogramms zur phonologischen Bewusstheit

- **Lauschspiele**
- **Reime**
- **Sätze und Wörter**
- **Silben**
- **Anlaute**
- **Phoneme (Laute)**

Lauschspiele

In dieser Spieleinheit sollen die Kinder üben, ihre Aufmerksamkeit auf Geräusche in der Umgebung zu richten. Die Erzieherin erzeugt z.B. ein Geräusch (etwa Papier zusammenknüllen, Schlüsselbund auf den Boden fallen lassen) – und die Kinder hören mit geschlossenen Augen genau zu, um das Geräusch danach benennen zu können. Im weiteren Verlauf der Übungen dürfen die Kinder selbst Geräusche erzeugen (z.B. Namen oder Buchstaben flüstern). Das Ziel der Spiele besteht darin, dass die Kinder sich auf die Geräusche „zuhören".
Frau O. (Erzieherin): „Ich hätte nie gedacht, dass es unseren Vorschulkindern so schwer fällt, einmal ganz still zu werden und sich ausschließlich auf das zu konzentrieren, was ihre Ohren wahrnehmen. Viele Kinder empfanden es anfangs als unglaublich anstrengend, einmal ‚ganz Ohr' zu sein. Andere mussten immer noch etwas anderes gleichzeitig machen und lenkten sich selbst ab. Oder sie nahmen feine Veränderungen in Geräuschen gar nicht wahr."

Reime

Nach der ersten Trainingswoche werden die Reime eingeführt. Im Umgang mit Reimen sollen die Kinder nun lernen, den Klang der gesprochenen Sprache genauer zu beachten. Zu Beginn dieses Übungsabschnittes spricht die Erzieherin Reime vor und lässt die Kinder wiederholen. Dabei kommen viele bekannte Kinderreime zum Einsatz. Später sollen die Kinder zu vorgegebenen Wörtern selbst Reimwörter bilden. Zum Beispiel: *„Jede Katze hat 'ne …"*. Die Reim-übungen begleiten den gesamten Verlauf des Trainingsprogrammes und werden immer wieder eingestreut. Ab der dritten Woche des Trainings kommt noch ein neues Kapitel dazu: Sätze und Wörter.

Sätze und Wörter

Die Kinder erfahren nun, dass sich gesprochene Sätze in kleinere Einheiten – nämlich Wörter – zerlegen lassen. Wörter können auch unterschiedlich lang sein. So ist „Krokodil" genauso ein Wort wie „Ei". Im weiteren Verlauf der Übungen lernen die Kinder, Wörter zu verbinden (zum Beispiel ergibt die Zu-sammensetzung der Wörter „Schnee" und „Mann" das neue Wort „Schnee-mann"). Hier wird viel mit spielerischer Darstellung gearbeitet: Die Kinder dürfen beispielsweise Wörter pantomimisch vorführen – und die anderen ra-ten, welches Wort wohl gemeint sein könnte. Wenn sich die Gruppe einen klei-nen Satz vornimmt (zum Beispiel: *„Sabine isst Eis"*), dann wird für jedes ein-zelne Wort ein Bauklötzchen gelegt, damit möglichst viele Sinne angesprochen werden.

Silben

Ab der fünften Woche des Trainings werden die Silben behandelt. In diesen Übungen sammeln die Kinder Erfahrungen damit, dass sich Wörter in Silben zerlegen lassen – und dass anders herum mehrere Silben zu einem Wort zu-sammengefügt werden können. Die Kinder klatschen einzelne Silben in Wör-tern (E-le-fant) und lernen, einzelne von der Erzieherin vorgegebene Silben zu einem Wort zu verbinden. Hier finden viele Bewegungsspiele statt, bei denen die Kinder rhythmisch im Silbentakt klatschen, hüpfen oder tanzen. So erle-ben die Kinder die Gliederung des Wortes mit ihrem ganzen Körper – und ha-ben sehr viel Spaß dabei.

Anlaute

In der siebten Woche kommen wir zur „Hohen Schule" der phonologischen Bewusstheit: Hier beginnt die Einführung der Kinder in die kleinsten Einhei-ten der Sprache, die Laute oder Phoneme. Zu Anfang spricht die Erzieherin

Wörter vor, dehnt dabei den ersten Laut (zum Beispiel Nnnn-adel) und lässt die Kinder nachsprechen. Dann sollen die Kinder zum Beispiel aus Bildkarten diejenigen aussuchen, die Wörter mit gleichem Anlaut darstellen. Begonnen wird mit Selbstlauten, da diese relativ leicht wahrnehmbar sind. Die Kinder finden bald heraus, dass Esel, Elefant und Erde etwas gemeinsam haben, nämlich das /e/ am Anfang. Bei der Vermittlung der Bewusstheit für die einzelnen Laute werden möglichst viele Sinneskanäle der Kinder angesprochen: Wir hören das /r/, wir können die Zunge flattern sehen, wenn der andere das /r/ ausspricht, wir spüren das Kribbeln am Gaumen, wir können das /r/ mit unserem Körper als rollende Bewegung turnen usw.. Die Kinder machen die Erfahrung, dass manche Laute gut wahrnehmbar sind (zum Beispiel /s/), andere aber nur ganz kurz zu hören und vor allem an der Mundstellung ablesbar sind (zum Beispiel das /b/). Die Anlautspiele werden bis zum Ende des Trainingsprogrammes in der 20. Woche immer wieder durchgeführt.

Frau V. (Erzieherin) nach der Durchführung des Trainings: *„Als dann die Arbeit mit den Lauten begann, konnte man feststellen, dass jedes Kind in seinem ganz eigenen Tempo begreift, worum es geht. Während einige Kinder ganz schnell ein Gespür für Laute entwickelten, brauchten andere Kinder in der Gruppe sehr viele Übungseinheiten, bis ihnen klar war, worum es geht. Diese Kinder waren aber in den Trainingssitzungen nicht unglücklich. Denn es gab ja auch noch Reim- oder Silbenspiele – und da waren sie dann gut dabei. Es war sehr beeindruckend: Wenn ein Kind einmal erfasst hatte, was wir mit den Lauten meinen, dann war das wie ein ‚Klick': Jetzt war das Kind in die Welt der Laute eingetreten und konnte sich darin immer müheloser bewegen. Es war schön zu sehen, wie die, die ‚schon drin' waren, sich um die anderen Kinder bemühten, ihnen Laute vormachten, sie auf das aufmerksam machten, worauf man achten muss, was man erspüren kann. Es war keinesfalls ein Leistungsdruck im Kindergarten, es war ein Miteinander."*

Phoneme (Laute)

Ab der 11. Woche des Trainings lernen die Kinder, sich auf Laute innerhalb des Wortes zu konzentrieren. Begonnen wird mit dem Zusammenziehen einzelner Laute zu einem Wort (Laut- oder Phonem-Synthese). Das fällt den Kindern leichter als das Zerlegen eines Wortes in die einzelnen Laute (Laut- oder Phonem-Analyse). Zu Beginn spricht die Erzieherin kurze Wörter in Einzellauten vor (/h//u//t/), lässt die Kinder wiederholen und das Wort benennen. In dieser Weise wird dann auch die Analyse eingeführt. Später wird in den unterschiedlichsten Spielen der Umgang mit Lauten geübt. Zum Beispiel sollen die Kinder aus einem Set von Bildkarten die Karte heraussuchen, auf der das längste Wort dargestellt ist. Oder aber es liegen Bildkarten auf dem Tisch, und die Kinder dürfen sich alle Bilder nehmen, auf denen Wörter mit einer bestimmten Lautanzahl dargestellt sind. Die Kinder lernen auch, einzelne Laute innerhalb eines Wortes zu lokalisieren (*„Hört genau hin: Was kommt bei der* /N//a//s//e/ *nach dem* /a/?*“*).

Die praktische Durchführung des Trainingsprogramms

Das Trainingsprogramm erstreckt sich über insgesamt 20 Wochen. Rechnet man die Ferien ab, entspricht das etwa sechs Monaten. Die Übungen werden in der zweiten Hälfte des letzten Kindergartenjahres, etwa ab Januar, mit den Vorschulkindern durchgeführt. Die Erzieherin übt täglich 10 bis maximal 15 Minuten mit Kleingruppen von vier bis acht Kindern in einem separaten Raum des Kindergartens. Diese Übungsdauer sollte möglichst nicht überschritten werden. So bleibt der „Appetit“ der Kinder auf die nächste Sitzung erhalten.
Die Spiele zu den einzelnen Einheiten sind in einem detaillierten Trainingsmanual für jeden Tag angegeben und genau beschrieben. Auch die vielen Bilder, die für die Spiele benötigt werden, sind enthalten. Wie schon erwähnt, wurde das Trainingsprogramm ursprünglich speziell für ErzieherInnen entwickelt. Mittlerweile ist eine erweiterte Version des Programmes unter dem Titel „Hören, lauschen, lernen“ für Frühförderstellen, Ergotherapeuten, Logopäden, aber auch für interessierte Grundschullehrer und Eltern im Buchhandel erhältlich. Genauere Angaben sind in der Literaturliste im Anhang dieses Buches enthalten.

Zweifel am Anfang:
„Können meine Kinder das?"

Tatsächlich waren viele ErzieherInnen in der Vorbesprechung vor Einsatz der Förderung verunsichert und trauten „ihren" Vorschulkindern solche schwierigen geistigen Leistungen wie Phonem-Synthese oder Phonem-Analyse nicht zu. Im Nachhinein zerstreuten sich diese Bedenken. Durch die streng hierarchische Struktur des Förderprogrammes und durch die kontinuierliche Arbeit mit immer feiner werdenden sprachlichen Einheiten lernen die Kinder recht gut – und vor allem mit viel Spaß –, die Sprache in immer kleinere Bestandteile zu zerlegen. Zu Beginn der Förderung üben die Kinder anhand recht einfacher sprachlicher Einheiten (nämlich Reime und Silben) das Zusammensetzen (Synthese) und das Zerlegen (Analyse). Indem sie diese Prinzipien der Synthese und der Analyse auf immer kleinere sprachliche Einheiten anwenden, entschlüsselt sich ihnen allmählich auch die Welt der einzelnen Laute.

Warum findet diese Förderung schon im Vorschulalter statt?

Die moderne wissenschaftliche Forschung zeigt uns auch, dass Vorschulkinder genau im richtigen Alter für solche geistigen Leistungen sind: Die Kinder im Vorschulalter (also im Jahr vor der Einschulung) können sehr gut auf die Klangeigenschaften gesprochener Sprache hören. Sie sind geistig reif genug, um Einzellaute wahrzunehmen und einzuordnen. Entsprechend werden die Kinder bei einer solchen Förderung weder „überfördert" noch überfordert. Vielmehr werden ihre vorhandenen Grundlagen und Fähigkeiten genutzt, um ihnen auf spielerische Weise etwas mitzugeben, was ihnen das Lesen- und Schreibenlernen später sehr erleichtern wird: die phonologische Bewusstheit.

Darum soll dieses Programm auch keinesfalls mit jüngeren Kindern, die noch nicht vor der Einschulung stehen, durchgeführt werden – sie wären in der Tat überfordert. Darum: Alles zu seiner Zeit! Wir wollen unsere Kinder mit Spaß, Freude und Leichtigkeit an das heranführen, was sie können.

Verteilung der Übungseinheiten

Woche des Trainings	1	2	3	4	5	6	7	8	9	10	11	12	13	14	15	16	17	18	19	20
Lauschspiele																				
Reime																				
Sätze und Wörter																				
Silben																				
Anlaute																				
Phoneme																				

Spiele aus dieser Einheit kommen jeden Tag dran

Spiele aus dieser Einheit kommen fast täglich dran

Spiele aus dieser Einheit kommen noch ab und zu dran

Wann sind welche Übungseinheiten dran?

Selbstverständlich entwickeln die Vorschulkinder die phonologische Bewusstheit nicht von heute auf morgen. Es kommt nicht von ungefähr, dass das Förderprogramm sich über sechs Monate erstreckt. Der folgende Plan vermittelt einen Eindruck von der zeitlichen Verteilung der Übungseinheiten:

Ariane, (6½ Jahre alt) aus der Trainingsgruppe: *„Wir haben im Kindergarten die ‚Sprachspiele' gemacht. Jeden Tag durften wir Vorschulkinder mit Wörtern spielen. Wir haben gereimt. Dann haben wir Silben gefunden – und am Schluss die Laute. Da musste man ganz gut hinhören lernen. Jetzt kann ich alle Laute, die man sprechen kann. Das Reimen haben wir auch mit den Kleinen in unserer Bärengruppe gemacht, das können die manchmal auch schon. Und beim Autofahren haben wir oft gereimt, alle zusammen. Die Laute können nur wir Großen herausfinden, die kleinen Kinder nicht, die sind noch nicht schlau genug."*

Spiele für zu Hause

Selbstverständlich kann die phonologische Bewusstheit Ihres Vorschulkindes nicht nur im Kindergarten, in der Frühförderstelle oder beim Ergotherapeuten gefördert werden. Auch Sie als Eltern können viel dafür tun, dass Ihr Kind durch die verschiedensten Spiele einen Einblick in den Klang der Sprache erhält. Darum haben wir eine kleine Auswahl an Spielen für Sie zusammengestellt.

Übrigens: Gelegenheiten zum Spielen mit der Sprache gibt es wie Sand am Meer. Wir müssen uns dazu nicht streng an den Tisch setzen. Wir lauschen, wenn wir auf der Terrasse sitzen, reimen beim Autofahren, klatschen oder hüpfen im Silbentakt beim Wandern – um nur einige Gelegenheiten zu nennen. Und vergessen Sie nicht: Es soll kein Drill sein, kein schweißtreibendes Training. Es soll eine freudige Abenteuerreise in die Welt der Laute werden, auf der wir unser Kind anregen und begleiten dürfen.

Besonders viel Spaß bereiten die Spiele unseren Kindern natürlich, wenn sie in einer kleinen Gruppe (maximal vier Kinder) stattfinden. Vielleicht können Sie ja einige Freunde Ihres Vorschulkindes dazu einladen: Auch das „Wettreimen" bei Geburtstagsparties hat sich bewährt.

Eine wichtige Frage: *„Ab welchem Alter kann mein Kind bei den Spielen mitmachen?"*

Grundsätzlich sind diese Spiele für Kinder in der zweiten Hälfte des Vorschuljahres, also im letzten halben Kindergartenjahr, gedacht. Das gilt insbesondere für die letzten beiden Einheiten (Anlaute und Phoneme), in denen es um die einzelnen Laute geht. Jüngere Kinder sind in ihrer Wahrnehmung und geistigen Ausstattung noch nicht weit genug entwickelt, um einzelne Laute erkennen zu können. Also bitte kein Übereifer! Sie können aber sehr wohl mit etwa vierjährigen Kindern schon Spiele zum Lauschen, Reimen und Silbenklatschen machen. Sie werden schnell merken, ob Ihr Kind Freude am Entdecken hat. Dann sind Sie auf dem richtigen Weg.

Sind die Spiele nur für Legasthenie-Risikokinder geeignet?

Selbstverständlich nicht! Von diesen Übungen profitieren *alle* Vorschulkinder, da sie auf spielerische Weise mit Sprache umgehen lernen und ihre Wahrnehmung und Bewusstheit für den Klang der Sprache verfeinert wird. Wenn ein Kind bereits als Risikokind für Legasthenie identifiziert wurde, ist eine Förderung in phonologischer Bewusstheit im Kindergarten, in einer Frühförderstelle oder beim Ergotherapeuten zu empfehlen. Diese ist dann wesentlich intensiver, und selbstverständlich braucht es hier Fachleute, die die Fortschritte Ihres Kindes einschätzen können. Die Spiele, die wir im Folgenden für Sie vorstellen, sind grundsätzlich für *alle* Vorschulkinder geeignet und geben ihnen eine sichere Basis für das künftige Lesen- und Schreibenlernen.

Spielanleitung für Eltern

Spielen Sie die Spiele unbedingt in dieser vorgegebenen Reihenfolge. Fangen Sie also mit den Lauschspielen an, dann kommen die Reime dazu, etc. Da jedes Spiel mehrmals gespielt werden soll, sind Beispiele für Wörter, die man verwenden kann, angegeben. Weitere Wörter werden Ihnen sicherlich leicht einfallen. Wiederholen Sie immer auch Spiele aus früheren Einheiten. Denn wenn Sie für längere Zeit nur an einem Thema bleiben, wird es langweilig. Spielen Sie die Spiele sooft wie möglich, aber nicht häufiger, als Ihr Kind will. Eine Spieleinheit soll höchstens 10 Minuten dauern. Beenden Sie dann das Spiel, auch wenn Ihr Kind noch weitermachen möchte. So bleibt der Spaß länger erhalten.
Als grobe Richtlinie gilt: Mit den Spielen der ersten vier Einheiten sollten Sie sich insgesamt mindestens vier Wochen lang beschäftigen. Erst wenn Ihr Kind in allen Spielen „spielend" zurechtkommt, dürfen Sie sich vorsichtig an die Einheit 5 (Anlaute) wagen. Viel Spaß!

Spiele zum Lauschen

Die Geräusch-Detektive

Setzen Sie sich zusammen mit Ihrem Kind auf die Terrasse, den Balkon oder an das geöffnete Fenster. Nun schließen Sie beide die Augen – und jeder versucht, alle Geräusche aufzunehmen und zu benennen. *„Da fährt ein Auto"*, *„Ein Hund bellt"*, *„Ich höre Schritte auf dem Kies"*, *„Eine Polizeisirene"* ...

Sie werden sich wundern, was es alles zu hören gibt. Versuchen Sie, die Geräusche so genau wie möglich zu beschreiben und zu orten, aus welcher Richtung sie kommen. Am besten, Sie stellen sich einen (geräuschlosen) Küchenwecker auf etwa drei Minuten, damit's nicht langweilig wird. Machen Sie dieses Spiel an möglichst vielen Orten, und versuchen Sie herauszufinden, wo es am meisten zu hören gibt, wo sich die Umgebung am schönsten anhört.

Variation: Führen Sie Ihre „detektivische Arbeit" in einem geschlossenen Raum durch. Da gibt es natürlich nicht so viel zu hören – und so müssen wir die Ohren noch stärker spitzen und auch in uns selbst hineinhören: *„Mein Magen knurrt"*, *„Ich höre mein Herz schlagen"*, *„Ich habe gehört, wie sich meine Zunge im Mund bewegt hat"*, *„Beim Schlucken hat's gekracht"* ...

„Wo bin ich?"

Wir verbinden uns abwechselnd die Augen. Der „Blinde" hält sich nun noch die Ohren zu, während der „Sehende" in eine Ecke des Zimmers schleicht. Auf ein Klatschen hin darf der „Blinde" wieder hören. Er versucht nun, die Position des anderen auszumachen (*„Du stehst beim Schrank, am Spiegel, an der Tür, am Fenster ..."*), während der Versteckte ihm mit möglichst leisen Geräuschen (Schnaufen, Räuspern, Piepsen) kleine Hinweise gibt. Wenn er gefunden ist, werden die Rollen getauscht.

„Hörst Du den Hund?"

Nun liest der Erwachsene dem Kind/den Kindern eine Geschichte vor. Die Geschichte handelt von einem Hund, und jedes Mal, wenn das Wort „Hund" fällt, ertönt von den Kindern ein kräftiges „Wau". Natürlich wird auch bei zusammengesetzten Wörtern, wie zum Beispiel „Hundekuchen", gebellt.

Die *Hunde*geschichte

Es war einmal ein kleiner **Hund**. Dieser kleine Dackel**hund** lebte mit Susi und Klaus in einem Haus am Wald. Seine Lieblingsspeise waren **Hund**ekuchen und Hasenbraten. Eines Tages gingen die Kinder mit ihrem **Hund** spazieren. Da kam plötzlich ein ganz besonderer Duft in die feine **Hund**enase: Es roch nach einem Hasen! Da riss der **Hund** aus und folgte – nach schnuppernder **Hund**e-

art – der Hasenspur. Der Duft des Hasen wurde immer stärker, und dem kleinen **Hund** lief schon das Wasser im **Hund**emaul zusammen. Der **Hund** sprang schnell vor und landete auf einem Pilz. Da war der kleine **Hund** sehr enttäuscht, bellte den Hasenpilz mit grimmiger **Hund**estimme an und lief zurück zu Susi und Klaus. Die beiden freuten sich sehr, dass ihr **Hund** wieder da war. Sie gingen nach Hause und erzählten ihren Eltern die lustige **Hund**egeschichte.

Spiele zum Reimen

Abzählreime und Kinderreime

Sicherlich sind Ihnen aus Ihrer eigenen Kindheit noch einige kurze Reime bekannt, zum Beispiel:

„Es regnet, es regnet,
es regnet seinen Lauf.
Und wenn's genug geregnet hat,
dann hört es wieder auf."

„Brüderchen, komm tanz' mit mir.
Beide Hände reich' ich dir.
Einmal hin, einmal her –
rundherum, das ist nicht schwer."

Oder die beliebten Abzählreime:

„Ine mine mei,
Zucker in den Brei.
Butter in den Kuchen,
und du musst suchen!"

„Ich und du,
Müllers Kuh,
Müllers Esel –
der bist du!"

Lernen Sie die Reime mit Ihrem Kind, und sagen Sie sie gemeinsam auf. Sie können sie ganz leise flüstern, ganz laut aufsagen oder leise beginnen und immer lauter werden. Natürlich sind die Reimeinheiten am Ende ganz stark zu betonen. Sie können sich auch dazu bewegen, sich im Takt wiegen usw..

Sicherlich werden Ihnen viele Variationsmöglichkeiten einfallen, mit denen Sie das Aufsagen der Gedichte interessant und abwechslungsreich gestalten können.

Bestimmt werden Sie neben diesen kleinen Beispielen in Kinderbüchern noch eine ganze Menge schöner Reime finden. Dabei ist es noch nicht einmal wichtig, dass das Gedicht für Ihr Kind ganz neu ist. Sie können sehr gut Reime verwenden, die Ihr Kind schon kennt. Wichtig ist vor allem die Form, der Klang: Ihr Kind soll merken, dass sich da am Ende etwas gleich anhört, und ein Gefühl dafür bekommen.

Reime erfinden

Bei diesem Spiel können wir unserer Fantasie freien Lauf lassen. Wir nehmen uns irgendein Wort – beispielsweise „Butter" – und suchen möglichst viele Wörter, die sich darauf reimen, also: „Mutter", „Kutter", „Futter"…

Ganz wichtig: Hier sind auch „Quatschwörter", also „selbst erfundene" Wörter erlaubt, wie „Hutter", „Tutter"… es kommt ja nicht auf die Bedeutung an, sondern allein auf den Klang. Ermuntern Sie Ihr Kind, viele neue Reimwörter selbst zu erfinden.

Auf folgende Wörter lassen sich besonders viele Reimwörter finden:

Kind	Land
Hase	Ei
Hut	Schwein

Variation: schauen Sie gemeinsam aus dem Fenster, sagen Sie den Namen eines Gegenstandes, den Sie erkennen können – und los geht die Reimerei …

Übrigens: Dieses Spiel hat sich auf langweiligen Autofahrten bestens bewährt.

Spiele mit Sätzen und Wörtern

Was ist eigentlich ein Satz?

Selbstverständlich hat sich Ihr Kind bisher noch nie damit beschäftigt, was einen Satz ausmacht. Sie müssen ihm diese Erfahrung erst vermitteln. Geben Sie ihm kleine Sätze vor, zum Beispiel:

Katrin spielt.	Bello bellt.
Tina singt.	Martin hat Blumen.
Rolf schläft.	Anja fährt Fahrrad.

Nehmen Sie möglichst kurze Sätze – und vermeiden Sie Wörter wie „der", „die" „das". Denn die können die Kinder kaum als einzelne Wörter erkennen. „Der Hund" ist für ein Kind oft *ein* Wort. Sprechen Sie den Satz ganz langsam Wort für Wort vor. Nun besprechen Sie die einzelnen Wörter. Dabei darf Ihr Kind für jedes einzelne Wort im Satz ein Bauklötzchen hinlegen. Sprechen Sie den Satz gemeinsam mit Ihrem Kind. Machen Sie die Wortgrenzen durch Klatschen deutlich, oder sprechen Sie die Wörter abwechselnd. Auch hier können Sie wieder die Lautstärke variieren und beispielsweise die Wörter abwechselnd laut und ganz leise sprechen. Mit einiger Übung können Sie sich immer längere Sätze vornehmen (etwa aus Kinderbüchern) und diese zusammen in einzelne Wörter zerlegen. Oder: *„Wer weiß einen Satz mit zwei Wörtern (drei / vier usw.)?"*

„Was mein' ich wohl?"

Sagen Sie Ihrem Kind einen Satz vor, bei dem das letzte Wort fehlt, zum Beispiel:

„Meine Hose ist …"

„Petra spielt mit der …"

„Papa hat …"

„Auf dem Brot ist …"

„Klaus fährt …"

Nun darf das Kind diesen Satz mit *einem* Wort vervollständigen. Selbstverständlich müssen nicht immer „wahrheitsgemäße" Aussagen entstehen. So wären *„Papa hat Stacheln"* oder *„Petra spielt mit der Wolke"* durchaus gelungene Sätze. Eins ist aber wichtig: Es darf nur *ein einziges* Wort angehängt werden. Ergänzt das Kind beispielsweise *„Papa hat … ein Auto"*, so ist zu klären, dass „ein" ja auch ein Wort ist. Bringen Sie Ihr Kind dann mit Ergänzungsvorschlägen wie *„Papa hat … Hunger"* (Fieber, Masern, Angst etc.) auf die richtige Spur.

Wörter-Puzzle

Wir heben beide Hände. In der linken Hand „haben" wir ein Wort, zum Beispiel „Schnee". In der rechten Hand „haben" wir das Wort „Mann". Jetzt führen wir beide Hände zusammen. Welches neue Wort entsteht? Richtig: Schneemann.

Jetzt geben wir immer ein Wort für die linke Hand vor, zum Beispiel:

Auto	Brot	Kartoffel
Haus	Kaffee	Fuß
Gummi	Haar	Hand
Karten	Puppen	Eis

Und Ihr Kind sucht jedesmal ein zweites Wort, das man hinten anhängen kann. Selbstverständlich dürfen nach einiger Übung die Rollen getauscht werden, und Ihr Kind darf das erste Wort vorgeben. Und natürlich müssen nicht alle zusammengesetzten Wörter echte Wörter sein. Wer kennt ihn nicht, den Zitronenbär oder den Limonadenfisch?

Spiele mit Silben

Wörter-Konfetti

Beim Blick aus dem Fenster, beim Anschauen eines Bilderbuches oder beim Autofahren sehen wir viele Sachen, und jede Sache hat natürlich einen Namen. Nun benennen Sie eine Sache, die Sie gerade sehen. Dabei zerlegen Sie das Wort in Silben, also zum Beispiel:

Ba-na-ne	Schreib-ma-schi-ne	Bil-der-buch
Roll-schu-he	Hun-de-lei-ne	Au-to-tür
Fahr-rad	Erd-beer-tor-te	Wohn-zim-mer-fens-ter

Lassen Sie zwischen den einzelnen Silben etwa eine Sekunde Pause, und sprechen Sie ganz deutlich. Ihr Kind darf erraten, was Ihnen gerade ins Auge stach. Selbstverständlich werden die Rollen getauscht, und Ihr Kind darf Ihnen die Wörter als kleine Konfetti-Teilchen vorgeben.

Die Nachfolger des Königs

Dieses Spiel macht zu mehreren am meisten Spaß. Einer ist der König (am Anfang ein Erwachsener, später auch ein Kind). Und der König gibt die Gangart an. Er sagt zum Beispiel: „stol-zie-ren, stol-zie-ren…". Alle sprechen mit und stolzieren im Takt in einer Reihe hinter dem König. Vielleicht sagt er aber auch „stamp-fen, stamp-fen, stamp-fen …", dann stampfen alle im Takt hinter ihm her, wobei sie die ganze Zeit über die entsprechende Gangart in Silben sagen. Natürlich kann man immer schneller, langsamer, lauter, leiser werden. Wichtig ist, im gleichen Takt zu sprechen, sich zu bewegen. Mögliche Fortbewegungsarten sind:

spa-zie-ren	hop-sen	knick-sen
hüp-fen	rä-keln	wie-gen
schlei-chen	tan-zen	wak-keln …

Liebe Eltern

Machen Sie sich bitte bewusst, dass Sie nun, in den folgenden Einheiten 5 und 6, mit Ihrem Kind absolutes Neuland betreten. Noch nie zuvor hat Ihr Kind Erfahrungen mit den Lauten, den kleinsten Einheiten unserer Sprache, gesammelt. Darum sollten Sie ihm nun viel Zeit lassen und sorgfältig beobachten, ob es noch Spaß an diesen Spielen hat. Sollte das nicht der Fall sein, beschränken Sie sich bitte künftig auf Reim- und Silbenspiele aus den vergangenen Einheiten. Sie können Ihrem Kind mit den ersten vier Einheiten schon eine solide und wertvolle Basis für das spätere Lesen- und Schreibenlernen schaffen. Für den Fall, dass Ihr Kind noch tiefer in den Klang der Sprache eindringen möchte, haben wir Ihnen hier einige Spiele zu den letzten beiden Einheiten zusammengestellt.

Spiele mit Anlauten

Nun beschäftigen wir uns mit dem Anlaut, das ist der erste Laut im Wort. Zur Erinnerung: Beim Umgang mit Lauten benutzen wir *nicht die Buchstabennamen*, sondern die Laute, so wie sie im Wort klingen. Laute sind hier durch zwei Schrägstriche gekennzeichnet: Das /f/ wird also nicht „ef" (wie im Alphabet) gesprochen – sondern so, wie es etwa am Anfang von „Fuchs" klingt.

„Ich denke an ..."
Geben Sie Ihrem Kind einen Anlaut und eine kurze Erklärung vor. Ihr Kind sagt den Anlaut mit Ihnen zusammen noch einmal und darf nun raten, woran Sie denken. Zum Beispiel:
„Die Sache, an die ich denke, beginnt mit /s/. Sie steht am Himmel, wärm uns und ist hell" (Sonne).
„Die Sache, an die ich denke, beginnt mit /e/. Es ist ein Tier, hat vier Beine und macht I-A" (Esel).
„Die Sache, an die ich denke, beginnt mit /n/. Es ist klein, ist aus Metall, man schlägt es in die Wand und hängt ein Bild daran" (Nagel).

„Die Sache, an die ich denke, beginnt mit /i/. Es ist ein kleines Stück Land mitten im Meer, manchmal stehen Palmen darauf" (Insel).

Weitere Wörter mit leichten Anlauten:

Ofen	Fuchs	Nadel
Affe	Riese	Nuss
Igel	Sand	Maus
Uhr	Milch	Mond

Laut-Detektive

Manche Laute kann man sehen, wenn man sich etwas Bestimmtes vor den Mund hält. Manche kann man auch sehen, wenn man dem anderen beim Sprechen ganz genau zuschaut. Wir wollen einige dieser Laute erforschen: Für diese detektivische Arbeit brauchen wir natürlich einige Materialien: eine feine Daunenfeder, einen Spiegel und einen Stift.

/f/

Nun erkunden wir als ersten Laut das /f/. Das /f/ ist der Anfang von Fuchs oder Feder. Sprechen Sie mit Ihrem Kind die Wörter – und machen Sie das /f/ am Anfang ganz lang. *„Fffffuchs, Fffffeder"*. Nun halten wir die Feder ganz dicht vor unseren Mund – sie flattert beim /f/.

Suchen Sie jetzt gemeinsam mit Ihrem Kind noch weitere Wörter, die mit /f/ beginnen, und machen Sie jeweils den Feder-Test. Einige Beispiele:

Fisch	Fieber	Fenster
Futter	finden	Fuß
fahren	Flasche	Fass
fangen	Fliege	Familie

Geben Sie Ihrem Kind nun einige Wörter (Name, Rom, Floh, Katze, fort, Hund, jagen, füllen, Milch, Maus, Franz …) überdeutlich gesprochen vor. Lassen Sie es (mit Feder) nachsprechen und entscheiden, ob ein /f/ am Anfang zu hören (zu sehen) ist.

/r/

Nun erkunden wir den Laut /r/. Das /r/ ist der Anfang von Rose oder Ring. Sprechen Sie mit Ihrem Kind die Wörter – und machen Sie das /r/ am Anfang ganz lang. Lassen Sie es richtig rollen: *„Rrrrose, Rrrrring."* Nun drücken Sie den Stift fest von vorn an Ihr Kinn. Spüren Sie, wie er beim /r/ vibriert?

Suchen Sie jetzt gemeinsam mit Ihrem Kind noch weitere Wörter, die mit /r/ beginnen – und machen Sie jeweils den Stift-Test. Einige Beispiele:

Rasen	rubbeln	Rita
Ruder	Ruhe	Rudi
rot	rollen	Rabe
Riese	raus	Rost

Geben Sie Ihrem Kind nun einige Wörter (Name, Rom, Katze, Hund, rosa, jagen, Milch, raus, Maus, Rolf …) vor, lassen Sie es (mit Stift) nachsprechen und entscheiden, ob ein /r/ am Anfang zu hören (zu spüren) ist.

/p/

Nun erkunden wir den Laut /p/. Das /p/ ist der Anfang von Panther oder Palme. Sprechen Sie mit Ihrem Kind die Wörter, und versuchen Sie jetzt einmal, das /p/ am Anfang lang zu machen – es geht nicht. Das /p/ ist ein ganz kurzer Laut. Wenn wir aber den Spiegel ganz dicht vor unseren Mund halten, beschlägt er kurz, denn wir stoßen beim /p/ ganz viel Luft aus.

Suchen Sie nun gemeinsam mit Ihrem Kind noch weitere Wörter, die mit /p/ beginnen, und machen Sie jeweils den Spiegel-Test. Einige Beispiele:

Polizei	Puppe	Pinsel
Pille	Pappe	Preis
Pinguin	Pilz	Palast
Pute	Pauke	Pudel

Geben Sie Ihrem Kind nun einige Wörter (Name, Puder, Rom, Katze, Pilot, Hund, jagen, Milch, Papagei, Maus …) vor, lassen Sie es (mit Spiegel) nachsprechen und entscheiden, ob ein /p/ am Anfang zu hören (zu sehen) ist.

Noch einige Laute, die man gut sehen kann:

/h/: Der Spiegel beschlägt

/m/: Die Lippen werden fest aufeinander gepresst

/o/: Der Mund wird rund

Sprechen Sie die Laute mit Ihrem Kind nach (kurz, lang, leise, laut), und suchen Sie Wörter, die mit diesen Lauten beginnen.

Spiele mit Lauten (Phonemen)

Wir suchen nach dem /a/

Bei diesem Spiel sprechen Sie Ihrem Kind Wörter vor, und es soll entscheiden, ob es im jeweiligen Wort den Laut /a/ hört. Vielleicht kann es auch noch angeben, ob es das /a/ am Anfang, in der Mitte des Wortes oder am Ende hört. Sprechen Sie zuerst das /a/ zusammen ganz lang und deutlich aus. Und jetzt die Wörter:

Affe	Nase	Kamm	Schnecke
Sonne	Glocke	ja	Hahn
Kerze	Schaf	Löffel	da
Apfel	Ampel	Rose	Banane

Spielen Sie dieses Spiel auch mit den übrigen Vokalen /e/, /i/, /o/, /u/. Hier sind noch einige Wörter zum Vorsagen:

Himmel, Kamel, Tasse, Bus, Boot, Vogel, Hase, Rock, Nudel, Turnschuh, Uhr, Suppe, sieben, Kinder, Pilz, Kamel, Kirsche, Osterhase, Tuch, Puppe, Buch, Kirsche, Krone, Sommer, Silber, Urwald, spielen, Rutsche, Blatt, rot, Erdbeere, Karamel, Hose, Sonntag.

Wie heißt das Wort?

Nun wird es schon ganz schön schwierig: Sie sagen Ihrem Kind ein Wort Laut für Laut vor – und Ihr Kind versucht zu erraten, welches Wort Sie meinen. Lassen Sie zwischen den einzelnen Lauten etwa eine Sekunde Pause, und sprechen Sie die Laute genauso aus, wie sie im Wort klingen. Beispiele:

/k/ /uh/	(Wir hören nur *zwei* Laute!)	/b/ /e/ /tt/
/sch/ /uh/		/n/ /a/ /s/ /e/
/ei/ /s/		/b/ /ä/ /r/
/b/ /a/ /ll/		/uh/ /r/
/b/ /au/ /m/		/m/ /au/ /s/
/f/ /u/ /ß/		/w/ /ei/ /n/
/r/ /o/ /s/ /e/		/h/ /au/ /s/
/au/ /t/ /o/		/m/ /ö/ /w/ /e/
/s/ /o/ /nn/ /e/		/k/ /o/ /ff/ /e/ /r/

Dieses Spiel sollten Sie erst mit kurzen Wörtern (2 bis 3 Laute) spielen. Wenn Ihr Kind die Wörter sicher benennen kann, dürfen es auch längere Wörter mit bis zu 5 Lauten sein. Wichtig ist, dass Ihr Kind Spaß hat.

Jetzt haben Sie viel geschafft

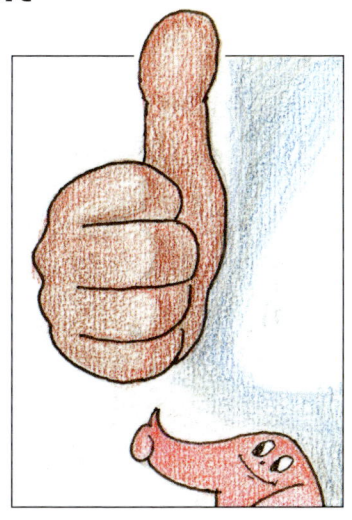

Haben Sie es durchgehalten, die Spiele halbwegs regelmäßig mit Ihrem Kind durchzuführen? Und ist es Ihnen auch gelungen, die Übungen abwechslungsreich und interessant, an vielen verschiedenen Orten, mit vielen Anregungen zu gestalten? Dann haben Sie wirklich viel geschafft! Sie haben Ihrem Kind ein gutes Rüstzeug für das Lesen- und Schreibenlernen mitgegeben, haben sein Interesse und seine Freude am Umgang mit Sprache geweckt.

In wenigen Monaten ist es nun so weit: Ihr Kind wird sein neu erworbenes Wissen und Können im Unterricht Tag für Tag umsetzen können und nach der Welt der Laute auch noch die Welt der Buchstaben betreten. Es hat nun ein gutes Fundament, um das, was ihm in der Schule vermittelt wird, zu verankern. Wir wünschen Ihrem Kind und Ihnen viel Erfolg und vor allem viel Freude dabei.

Kapitel 6: Das Wichtigste in Kürze

- Das Förderprogramm zur phonologischen Bewusstheit wurde speziell für Kinder im letzten Kindergartenjahr entwickelt und wissenschaftlich überprüft. Es besteht aus Spielen und Übungen, in denen die Kinder mit dem Klang der gesprochenen Sprache vertraut werden. Dazu beschäftigen sie sich spielerisch mit immer kleineren Einheiten der gesprochenen Sprache (Wörter, Reime, Silben, Laute).

- Im Vorschulalter befinden sich unsere Kinder genau im richtigen Alter für den Aufbau der phonologischen Bewusstheit. Das heißt: sie sind bezüglich ihrer Wahrnehmungsentwicklung und ihrer geistigen (kognitiven) Funktionen reif für solche spielerischen Leistungen. Das zeigt sich auch daran, dass die Kinder immer wieder mit viel Spaß an den Spielen teilnehmen.

- Das Trainingsprogramm zur phonologischen Bewusstheit kann in Kleingruppen im Kindergarten oder in speziellen Fördereinrichtungen (ergotherapeutische und logopädische Praxen, Frühförderstellen etc.) durchgeführt werden. Viele Spiele eignen sich auch für die Durchführung zu Hause oder in der Grundschule. Eine kleine Sammlung dieser Spiele ist in diesem Kapitel enthalten.

7

Wie kann die Schule helfen?
Wie hilft die Schule?

In diesem Kapitel erfahren Sie, …

- wie Schulen in den verschiedenen Bundesländern
  mit dem Thema „Legasthenie" umgehen
- welche Förderung und Unterstützung Legastheniker
  in der Schule erhalten können
- warum in vielen Fällen die Förderstunden in der Schule
  unseren legasthenen Kindern nichts bringen
- wie Lehrer den Förderunterricht in der Schule
  sinnvoll und effektiv gestalten können
- wann Ihr Kind eine außerschulische Legasthenie-Therapie braucht –
  und was Sie dabei beachten sollten

Legasthenie:
Ein Auf und Ab
im Laufe der Jahrzehnte

Lisa (9 Jahre alt) besucht die dritte Klasse der Grundschule. Wegen gravierender Probleme im Lesen und Rechtschreiben nimmt sie seit Mitte der zweiten Klasse am Förderunterricht teil, der in der Schule angeboten wird. Diese Förderstunde findet einmal pro Woche, freitags in der fünften Stunde, statt. Zusammen mit Lisa besuchen noch sieben weitere Kinder der dritten Klasse den Förderunterricht. Drei dieser Kinder haben ebenfalls Schwächen im Lesen und Rechtschreiben, zwei Schüler kommen wegen einer Rechenschwäche, zwei weitere Kinder stammen aus Aussied-

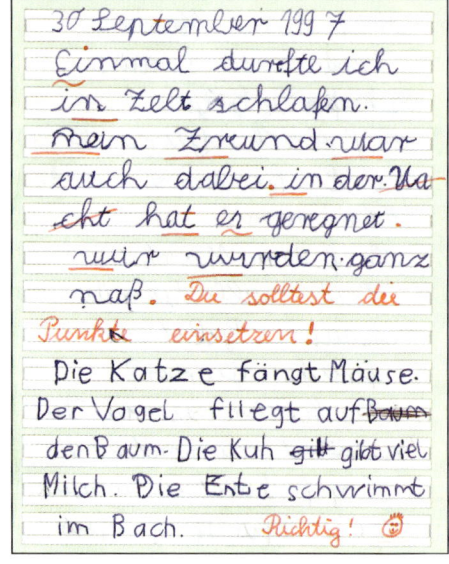

lerfamilien und können wegen mangelhafter Sprachkenntnisse dem normalen Schulunterricht nicht ausreichend folgen. Im Förderunterricht werden unterschiedliche Übungen zum Lesen, Schreiben und Rechnen durchgeführt. Die Lehrerin wiederholt den aktuellen Stoff, greift oft auf Grundlegendes zurück und versucht nach Kräften, die Lücken der Kinder zu füllen. Da die Lehrerin zur „mobilen Reserve" der Schule gehört und somit erkrankte Lehrer in verschiedenen Klassen vertreten muss, fällt die Förderstunde häufig aus. Lisa selbst hat nicht den Eindruck, durch die Teilnahme am Förderunterricht mit dem Lesen und Schreiben besser klar zu kommen. Eine andere Regelung in der Schule ist ihr viel wichtiger: Weil ihre Eltern der Schulleitung ein fachärztliches Attest mit der Legasthenie-Diagnose vorlegten, ist Lisa von der Rechtschreibnote befreit.

Marius (12 Jahre alt) besucht die fünfte Klasse einer Hauptschule. Wegen einer „chronischen" Fünf in Deutsch schaffte er den Übertritt ins Gymnasium trotz seiner überdurchschnittlichen Intelligenz nicht. Seine Legasthenie wird in der Schule nicht anerkannt. Er erhält keinerlei Erleichterung oder Vergünstigung in der Schule.

Die Geschichten von Lisa und Marius sollen deutlich machen, dass der Umgang der Schule mit dem Thema „Legasthenie" in Deutschland keinesfalls einheitlich geregelt ist. Während in einigen Bundesländern in Bezug auf die Anerkennung der Legasthenie und die Förderung und Rücksichtnahme bei der Leistungsbewertung gerade in jüngster Zeit viel vorangegangen ist, gibt es in anderen Bundesländern – vor allem auch für weiterführende Schulen wie Realschulen oder Gymnasien – keine oder kaum hilfreiche Regelungen. Bestenfalls wird hier den Lehrern „pädagogischer Spielraum bei der Leistungsbewertung" eingeräumt. Das heißt so viel wie: Ein Lehrer *kann* Rücksicht nehmen, er *muss* aber nicht.

Der Umgang der Schulen mit dem Thema Legasthenie und die Rücksichtnahme auf betroffene Kinder (Gewährung von Förderunterricht, Notenschutz etc.) sind je nach Bundesland unterschiedlich. Erkundigen Sie sich nach den Richtlinien und der Vorgehensweise in Ihrem Bundesland. Nutzen Sie Selbsthilfegruppen, um Informationen zu sammeln und sich mit betroffenen Eltern auszutauschen.

Eltern-Initiativen und Selbsthilfe-Gruppen vertreten die Rechte der Kinder.

Seit geraumer Zeit machen sich Elternverbände stark für die Anerkennung der Legasthenie in allen Schulformen. Sie fordern für die betroffenen Kinder die verbindliche Rücksichtnahme bei der Bewertung der Schulleistungen. Die Aktivitäten der Eltern werden durch zahlreiche namhafte Wissenschaftler an bundesdeutschen Universitäten und Universitätskliniken unterstützt. Diese Wissenschaftler haben einerseits durch ihre Forschungsarbeiten viel Wissen über mögliche Ursachen einer Legasthenie bereitgestellt, andererseits können sie durch Berichte aus dem Alltag an psychiatrischen Kliniken ein Bewusstsein für die Probleme dieser Kinder und die Notwendigkeit einer gezielten Unterstützung und Rücksichtnahme in der Schule schaffen.

Wenn man sich einmal näher mit der „Geschichte der Legasthenie" und dem Umgang der Kultusministerien mit dieser Problematik befasst, wird sehr schnell deutlich, dass die Thematik in den vergangenen Jahrzehnten einen starken Wechselkurs durchlief – und die betroffenen Kinder natürlich mit.

In den 60er und 70er Jahren erlebte die Legasthenie eine Art „Blütezeit". Die war dadurch gekennzeichnet, dass zu diesem Thema intensive wissenschaftliche Forschung durchgeführt wurde, viele Fortbildungsveranstaltungen für Lehrkräfte abgehalten wurden und die legasthenen Kinder einen spezifischen Förderunterricht in der Schule erhielten. Mitte der 70er Jahre endete diese Blütezeit jäh, als starke Kritik an der Gültigkeit der Forschungsergebnisse zu den Ursachen und Fördermöglichkeiten der Legasthenie einsetzte. Die Kultusminister-Konferenz reagierte 1978 prompt: Man ging davon aus, dass zusätzliche Ausgaben für Fortbildung und Förderung unnötig würden, wenn nur der Erstleseunterricht in der Grundschule verbessert und vom Klassenlehrer nötigenfalls mit Lese- und Rechtschreibtraining ein wenig „nachgeholfen" würde. Das führte leider auch dazu, dass der Informationsstand künftiger Lehrergenerationen zum Thema „Legasthenie" stark schrumpfte.

Legasthenie heute:
Die Regelungen
in den einzelnen Bundesländern

Im Frühjahr 2000 führten wir eine Umfrage unter den Elternverbänden der einzelnen Bundesländer durch und erhielten folgende Informationen:

Baden-Württemberg

Legasthenie *soll* berücksichtigt werden, auch im Rahmen des Aufnahmeverfahrens in weiterführende Schulen. Rücksichtnahme liegt hier im Wesentlichen im Ermessen der Lehrkraft. Eine außerschulische Legasthenietherapie gemäß § 35 a KJHG kann über das Jugendamt finanziert werden.

Bayern

Dieses Bundesland ist durch einen Erlass vom November 1999 in Bezug auf die Anerkennung und Rücksichtnahme bei Legasthenie wohl an die Spitze

Deutschlands gerückt. Hier wird unterschieden zwischen der schweren Form der Lese-Rechtschreibstörung (Legasthenie) und der leichteren, vorübergehenden Form der Lese-Rechtschreibschwäche. Bei fachärztlich und schulpsychologisch diagnostizierter Legasthenie *muss* die Rücksichtnahme der Schule *in allen Schulformen* unter anderem Notenbefreiung, Zeitzugabe bei schriftlichen Arbeiten, vermehrte mündliche Abfragen, Förderunterricht etc. beinhalten. Bei einer Lese-Rechtschreibschwäche besteht eine entsprechende *Kann*-Bestimmung. Auch wenn der Erlass bezüglich seiner wissenschaftlichen Grundlagen und der praktischen Umsetzbarkeit nicht unumstritten ist, bietet er deutliche Erleichterungen für die betroffenen Kinder und ihre Familien. Eine außerschulische Legasthenietherapie gemäß § 35 a KJHG kann über das Jugendamt finanziert werden.

Berlin

Hier wird die Legasthenie formal im Wesentlichen nicht anerkannt. Die Haltung der Schulpsychologen zur Förderung variiert je nach Bezirk. Die im Ostteil der Stadt noch bestehenden speziellen Kleinklassen für lese-rechtschreibschwache Schüler (so genannte LRS-Klassen) werden allmählich abgebaut. Außerschulische Förderung kann nach § 27 KJHG beantragt werden, wenn Schule und schulpsychologischer Dienst kein Förderprogramm anbieten können.

Brandenburg

In diesem Bundesland *können* Lehrkräfte Rücksicht nehmen: In den Förderstunden werden Kinder mit unterschiedlichen Problembereichen (Lesen, Schreiben, Rechnen etc.) zusammengefasst. Eine außerschulische Legasthenie-Therapie gemäß § 35 a KJHG kann bei Härtefällen in den meisten Landkreisen über das Jugendamt finanziert werden.

Bremen

Hier darf einem Schüler aufgrund einer Legasthenie der Übertritt in eine weiterführende Schule nicht verwehrt werden. Förderunterricht wird angeboten, ebenso Notenschutz – allerdings nur bis zum Ende der 6. Klasse.

Hamburg

Hier ist Legasthenie als Störungsbild nicht anerkannt. Zur Vorbeugung von Lese- und Rechtschreibschwierigkeiten werden in den Grundschulen vereinzelt Stunden mit zwei Lehrkräften abgehalten. Durch Lesen und Schreiben unter solch intensivierter Betreuung soll Versagen also erst gar nicht entstehen. Daneben werden in den Schulen spezielle Lese-Rechtschreib-Fördergruppen angeboten. Eine außerschulische Legasthenie-Therapie gemäß § 35 a KJHG kann in seltenen Härtefällen über das Jugendamt finanziert werden.

Hessen

Gilt in puncto Legasthenie als fortschrittlich. Eine *Muss*-Bestimmung regelt Notenschutz und Förderung an der Schule. Allerdings werden in den Fördergruppen Kinder mit Schwierigkeiten in unterschiedlichen Fächern zusammengefasst. Probleme sieht der Elternverband in der praktischen Umsetzung der Verordnung. Eine außerschulische Legasthenie-Therapie gemäß § 35 a KJHG kann über das Jugendamt finanziert werden.

Mecklenburg-Vorpommern

Eine Legasthenie darf nicht am Übertritt in eine weiterführende Schule hindern. Förderunterricht wird angeboten, ebenso Notenschutz bis zum Ende der 10. Klasse. Eine außerschulische Legasthenie-Therapie gemäß § 35 a KJHG kann nicht über das Jugendamt finanziert werden.

Niedersachsen

Auch in diesem Bundesland soll eine Legasthenie weder bei der Versetzung noch beim Übertritt auf eine weiterführende Schule hinderlich sein. Förderunterricht wird angeboten, Notenschutz nur bis zum Ende der 4. Klasse.

Nordrhein-Westfalen

Der Übertritt in eine weiterführende Schule darf hier nicht durch „besondere Schwierigkeiten im Rechtschreiben allein" behindert werden. Fördermaßnahmen und Notenschutz sind bis zum Ende der 6. Klasse, in Ausnahmefällen bis zum Ende der 10. Klasse möglich.

Rheinland-Pfalz

In diesem Bundesland liegt in Bezug auf die Legasthenie lediglich eine *Kann*-Bestimmung vor. So *kann* auf Antrag der Eltern Notenschutz gewährt werden. Eine Förderung ist davon abhängig, ob ausreichend Lehrer zur Verfügung stehen. Eine außerschulische Legasthenie-Therapie gemäß § 35 a KJHG kann über das Jugendamt finanziert werden.

Saarland

In Bezug auf die Legasthenie liegt eine *Muss*-Bestimmung vor: Notenschutz und Förderangebote in den Schulen sind obligatorisch. In den meisten Schulen werden dementsprechend spezielle Lese-Rechtschreib-Förderkurse angeboten.

Sachsen

Die in den neuen Bundesländern vielfach noch bestehenden LRS-Klassen (spezielle Kleinklassen für lese-rechtschreibschwache Schüler) werden nach und nach abgebaut. Notenschutz wird unter bestimmten Voraussetzungen bis zum Ende der 6. Klasse gewährt.

Sachsen-Anhalt

Bei diagnostizierter Legasthenie besteht die Möglichkeit der Notenbefreiung bis Mitte der 7. Klasse in den Fremdsprachen und im Fach Deutsch.

Schleswig-Holstein

Der Elternverband wertet die schulrechtlichen Regelungen zur Legasthenie für dieses Bundesland als sehr gut. In der praktischen Umsetzung sind jedoch auch hier Mängel vorhanden. Grundsätzlich liegt in Bezug auf die Legasthenie eine *Muss*-Bestimmung vor: Notenschutz und Förderangebote (allerdings in der Regel mit unterschiedlichen Förderschwerpunkten innerhalb einer Gruppe) sind in den Schulen obligatorisch. Eine außerschulische Legasthenie-Therapie gemäß § 35 a KJHG kann über das Jugendamt finanziert werden.

Thüringen

In diesem Bundesland können Legastheniker in größeren Städten während der Grundschulzeit LRS-Klassen (spezielle Kleinklassen für lese-rechtschreib-schwache Schüler) besuchen. Ansonsten haben betroffene Kinder einen Anspruch auf Förderung in der Grundschule. Ab der 5. Klasse *kann* Förderunterricht angeboten werden, ebenso *kann* Notenschutz gewährt werden. In Abschlusszeugnissen ist in jedem Fall eine Note zu geben, wobei Versetzung und Übertritt in eine weiterführende Schule hierdurch nicht behindert werden dürfen.

Wenn Sie mehr wissen wollen

Diese kurze Zusammenstellung kann natürlich nur einen groben Überblick über die Regelungen in den einzelnen Bundesländern geben. Darum sollten Sie sich bei Bedarf um detaillierte Informationen zur Situation in Ihrem Bundesland bemühen. Dazu steht Ihnen der Bundesverband Legasthenie mit Landesverbänden und Selbsthilfegruppen in allen Bundesländern zur Verfügung (siehe: Nützliche Adressen). Hier erhalten Sie Informationen zum Landesverband und zu Selbsthilfegruppen in Ihrer Nähe.

Wie ist Förderung in der Schule sinnvoll?

Auf den ersten Blick sehen die Regelungen zur schulinternen Berücksichtigung einer Legasthenie in den verschiedenen Bundesländern recht gut aus: In fast allen Bundesländern wird schulische Förderung angeboten. Wir könnten unsere Kinder also in der Schule gut betreut und scheinbar individuell gefördert wissen. Schaut man sich die Förderstunden genauer an, wandelt sich das Bild – und wir müssen immer wieder eine Reihe von Mankos feststellen:

- Vielfach werden Kinder mit unterschiedlichen Problembereichen (Lesen, Schreiben, Rechnen, Sprachverständnis) in den Fördergruppen zusammengewürfelt.
- Oftmals sind die Gruppen (mit acht oder mehr Kindern) für eine effiziente Förderung der einzelnen Kinder viel zu groß.
- Sehr oft finden die Förderstunden zu ungünstigen Zeiten statt (letzte Stunde, freitags).
- Vielfach kommen Kinder erst dann in eine Fördergruppe, wenn sie bereits große Schwierigkeiten mit dem schulischen Lernen haben. Gerade Lese- und Rechtschreibprobleme werden in vielen Fällen nicht schon im Ansatz erkannt, sondern erst, nachdem bereits erstes ernstes Versagen eingesetzt hat.
- Häufig besitzen die Lehrkräfte, die die Förderstunden halten, keine spezielle Ausbildung oder können nur auf Kenntnisse aus wenigen Fortbildungsveranstaltungen zurückgreifen.
- Die inhaltliche Arbeit in den Fördergruppen bezieht sich vielfach auf reines Wiederholen des durchgenommenen Stoffes (= Lernzeitverlängerung). Auf die individuellen Ursachen für die Lernschwierigkeiten kann in diesem Rahmen nicht eingegangen werden.
- Unsere Erfahrung zeigt, dass die Kinder die Teilnahme an diesen Gruppen häufig sogar als „Strafe" erleben. Sie fühlen sich nicht individuell betreut und sehen auch keinen Erfolg für sich selbst.

So soll schulische Förderung sein

In der schulischen Förderung sollen unsere Kinder möglichst individuell betreut werden. Das kann nur von speziell fortgebildeten Fachkräften geleistet werden, die in Kleingruppen grundlagenorientiert mit den Kindern arbeiten. Reines Wiederholen bringt in der Regel nichts. Die Kinder müssen auf ihrem individuellen Fähigkeits- und Fertigkeitsstand abgeholt werden. Nur so erreichen wir neben einem *allmählichen* Aufbau im Leistungsbereich auch eine Stabilität im Psychischen – unsere Kinder können Erfolg haben und trauen sich wieder etwas zu.

Wann braucht mein Kind eine außerschulische Legasthenie-Therapie?

Immer dann, wenn die Schule keine hinreichenden Fördermöglichkeiten anbieten kann – vor allem aber auch in Fällen schwerer Legasthenie – sind Eltern auf außerschulische Förderung ihres Kindes angewiesen. Eine Legasthenie kann – besonders wenn sie schwer ausgeprägt ist oder sehr spät erkannt wird und das Kind einen langen Leidensweg hinter sich hat, bevor es endlich unterstützt und entlastet wird – zu schwer wiegenden psychischen Folgen führen. Das kann so weit gehen, dass das Kind sich in seinem sozialen Umfeld völlig isoliert und jedes Selbstvertrauen, jeden Lebensmut verliert. In diesen Fällen kann das Kind durch eine schulische Förderung allein natürlich nicht mehr aufgefangen werden.

Eine außerschulische Legasthenie-Therapie verfolgt drei Ziele:
- **Gezielte individuelle Förderung im Lesen und Rechtschreiben**
- **Stabilisierung des Kindes in seiner psycho-sozialen Situation**
- **Unterstützung der Eltern bei der Unterstützung des Kindes**

Diese Therapieziele machen schon deutlich, dass eine Legasthenie-Therapie sehr individuell gestaltet sein muss. Es gibt kein festes Programm, das „abgespult" werden kann. Vielmehr muss jedes Kind da abgeholt werden, wo es steht. Es muss in seiner individuellen Problematik Unterstützung finden, um so nicht nur im Leistungsbereich, sondern vor allem auch im Persönlichkeitsbereich und in seiner gesamten Situation innerhalb von Familie und Gesellschaft gestärkt zu werden.

Wer zahlt die Therapie?

Für solche Fälle, in denen Kinder durch ihre schulischen Probleme massiv belastet sind und beispielsweise mit Angst, Bauchschmerzen oder Übelkeit auf die Schule reagieren, sich selbst nichts mehr zutrauen oder zunehmend aus dem Freundeskreis ausgegliedert werden, ist die Finanzierung einer Legasthenie-Therapie von öffentlicher Hand vorgesehen. Kostenträger ist das Jugendamt. Dieses Recht der Eltern auf „Eingliederungshilfe" für ihr Kind ist im § 35 a KJHG festgelegt. Ein entsprechender Antrag ist beim zuständigen Jugendamt unter Vorlage eines kinder- und jugendpsychiatrischen und schulpsychologischen Gutachtens zu stellen. Wie Sie dabei vorgehen müssen, erfahren Sie am besten bei den Selbsthilfegruppen der Elternverbände (siehe: Nützliche Adressen). Hier können Sie sich mit weiteren betroffenen Eltern über viele praktische Belange austauschen.

Wie erkennen Sie die Qualität einer außerschulischen Legasthenie-Therapie?

Als Eltern haben Sie das Recht, die Stelle, die die Therapie durchführt, frei zu wählen. Dieses Wahlrecht bezieht sich im Falle einer Kostenübernahme durch das Jugendamt ausschließlich auf Therapeuten, die vom Jugendamt anerkannt sind. Wenn Sie die Therapie privat zahlen, sind Sie in Ihren Wahlmöglichkeiten selbstverständlich völlig unabhängig.

Wenn Sie nach einer außerschulischen Fördermöglichkeit suchen, werden Sie bald vor dem Problem stehen, sich bei der Fülle von seriösen und leider auch weniger seriösen Angeboten kaum entscheiden zu können. In dieser Situation kann Ihnen eine Selbsthilfegruppe eine große Hilfe sein. Hier werden Ihnen Therapeuten empfohlen, die seriös und auf dem neuesten Stand der Wissenschaft arbeiten. Für Ihre Entscheidungsfindung wollen wir Ihnen noch die folgenden Hinweise mitgeben:

Achten Sie darauf, …

- dass die Therapie nicht in einem Nachhilfe-Institut durchgeführt werden kann. Legasthenie-Therapie ist keine Nachhilfe
- dass in der Fördereinrichtung ein qualifizierter Therapeut (pädagogisch-psychologische Fachkraft mit abgeschlossener Ausbildung und kontinuierlicher Weiterbildung) die Therapie durchführt
- dass eine ausführliche Diagnose als Grundlage der Therapie-Planung genutzt wird. Der Therapeut sollte alle Unterlagen der fachärztlichen und schulpsychologischen Begutachtung anfordern. Es genügt nicht, dass lediglich ein kurzer Rechtschreibtest durchgeführt wird, um Fehlerschwerpunkte zu ermitteln
- dass der Therapeut mit Fachärzten (Kinder- und Jugendpsychiater, Kinderarzt, Hals-Nasen-Ohren-Arzt, Augenarzt etc.) und auch mit weiteren therapeutischen Fachkräften wie Ergotherapeuten oder Logopäden zusammenarbeitet
- dass in der Therapie alle oben genannten Bereiche – nämlich Lese- und Rechtschreibtraining, Stabilisierung der Persönlichkeit des Kindes und Elternarbeit – zum Tragen kommen
- dass Ihr Kind eine Einzeltherapie mit einem regelmäßigen Termin pro Woche erhält
- dass in der Lese-Rechtschreibförderung mit erprobten Methoden (u.a. Wahrnehmungstraining, Lautgebärden, Silbengliederung, Regeltraining) gearbeitet wird. Hierbei sollte auf keinen Fall lediglich ein einzelnes Programm „durchgezogen" werden
- dass Ihnen als Eltern regelmäßige Elterngespräche angeboten werden, und dass Sie bei Bedarf auch kurzfristig einen Gesprächstermin vereinbaren können
- dass der Therapeut großen Wert auf die Zusammenarbeit mit der Schule legt
- dass ein möglicher Therapieerfolg Ihnen realistisch beschrieben wird: Legasthenie ist keinesfalls in allen Fällen heilbar. Viele Kinder können ihre Defizite nur zu einem gewissen Maß kompensieren. Gerade hier ist eine Festigung der Persönlichkeit des Kindes von höchster Bedeutung, damit es an seiner Schwäche nicht zerbrechen muss

- dass Sie bei einer privaten Finanzierung vertraglich nicht zu eng gebunden werden. Sie sollten einen Vertrag nur dann unterschreiben, wenn er Sie über maximal ein halbes Jahr bindet, bei einer Kündigungsfrist von höchstens drei Monaten. Außerdem sollte am Anfang unbedingt eine etwa vierwöchige Probezeit vereinbart werden. Bedenken Sie: Gegenseitiges Vertrauen ist die beste Basis für die Beziehung zwischen Ihnen, Ihrem Kind und dem Therapeuten

Kapitel 7: Das Wichtigste in Kürze

- Die Möglichkeiten der Schulen, durch Förderunterricht, Notenbefreiung und sonstige Erleichterungen Rücksicht auf Legastheniker zu nehmen, sind je nach Bundesland verschieden. Während in einigen Bundesländern Legastheniker bis zur 13. Klasse schulisch entlastet werden, wird in anderen Ländern Legasthenie noch nicht einmal anerkannt.

- Auch wenn in den Schulen zunehmend Förderunterricht angeboten wird, profitieren legasthene Kinder nicht unbedingt von der Teilnahme an einer solchen Gruppe. Vielfach sind die Gruppen zu groß und bestehen aus Kindern mit unterschiedlichen Problembereichen (Lesen, Schreiben, Rechnen, mangelnde Sprachkenntnisse etc.). Nicht selten erleben Legastheniker die Förderstunden als Strafe.

- Glücklicherweise bewegen sich kultusministerielle Überlegungen – und damit auch die Inhalte der Lehrerausbildung – immer mehr dahin, Probleme von Kindern beim Lesen- und Schreibenlernen schon im Ansatz zu identifizieren und unsere Kinder innerhalb der Schule nach Möglichkeit individuell und differenziert zu fördern. Leider ist zwischen diesen Überlegungen und der Realisierung im schulischen Alltag erst ein Stück des Weges zurückgelegt.

- Wenn ein Kind durch die schulische Förderung nicht hinreichend unterstützt werden kann, ist eine außerschulische Legasthenie-Therapie angezeigt. Im Rahmen einer solchen Förderung ist neben einem Lese-Rechtschreibtraining größter Wert auf die psychische Stabilisierung des Kindes und die Unterstützung der Eltern zu legen.

8

„Das Kind im Brunnen": Wie können Eltern und Lehrer dem lese-rechtschreib-schwachen Kind wirksam helfen?

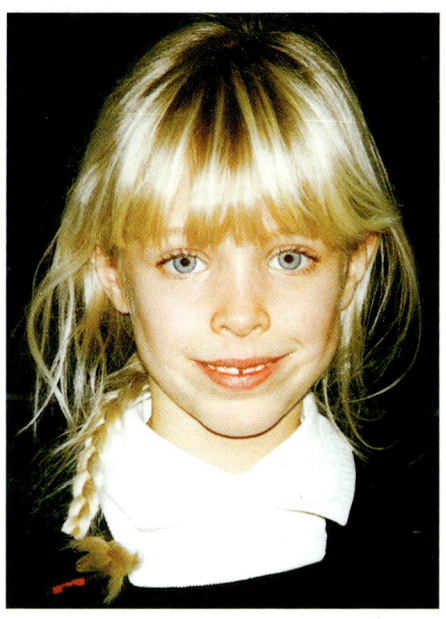

In diesem Kapitel erfahren Sie, …

- welche Übungen zu Hause Ihrem Kind tatsächlich „etwas bringen"
- welche Förderprogramme in Kleingruppen,
  etwa im Förderunterricht der Schule, angewendet werden können

Mit den richtigen Übungen Zeit, Mühe und Kummer ersparen

Alena *(7 Jahre alt) besucht die 2. Klasse und hat große Probleme mit dem Lesen und Schreiben. Sie kann sich einfach nicht merken, wie die Wörter geschrieben werden. Auch beim Lesen ist sie die Langsamste in der Klasse. Dabei wird zu Hause intensiv geübt. Zum Beispiel die Nachschriften: Montags gibt die Lehrerin kleine Texte aus: Die werden in der Schule die ganze Woche über behandelt und freitags als geübtes Diktat – so genannte Nachschrift – geschrieben. Auch zu Hause sitzen Alena und ihre Mutter regelmäßig an diesen Texten. Die Mutter lässt Alena vorlesen,*

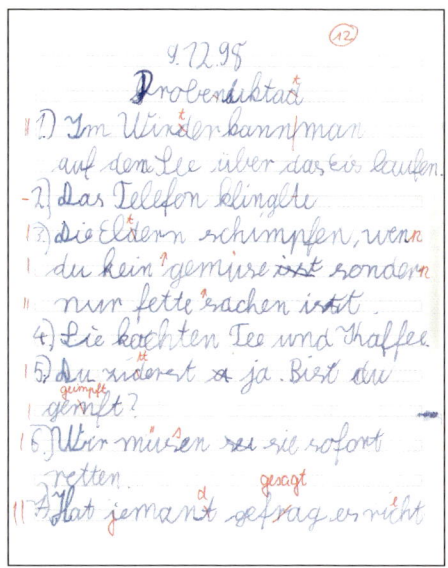

abschreiben und diktiert die Sätze immer wieder, bis es fehlerlos klappt – doch das kommt leider selten vor. Immer wieder schleichen sich Fehler ein – auch solche, die längst korrigiert und besprochen wurden.

Alena hatte doch verstanden, dass „steht" mit „h" geschrieben wird, weil es von „stehen" kommt – und jetzt schreibt sie wieder „stet".

Schließlich erfindet die Mutter kleine „Eselsbrücken" für die Tochter, etwa so: „In dieser Nachschrift sind insgesamt drei Wörter mit einem „h", das man nicht hören kann: „steht", „mehr" und „geht". Die musst du dir einfach merken, dann passieren dir dabei keine Fehler mehr."

Ist Alena mit diesen Tipps geholfen? Sicherlich nicht. Denn sie versteht ja gar nicht, was sie da schreibt. Wie soll sie so schwierige Sachverhalte wie etwa die Anwendung der Ableitungsregel („steht" kommt von „stehen", darum also mit

„h") durchschauen, wenn sie noch nicht einmal die einzelnen Buchstaben sicher beherrscht? Schon beim Abschreiben müsste auffallen, dass Alena nicht *Wörter abschreibt*, sondern *einzelne Buchstaben abmalt*. Sie verarbeitet die Schriftsprache also noch gar nicht auf der Ebene der Wörter, sondern kämpft sich immer noch auf der Buchstaben-Ebene durch – und ist damit natürlich heillos überlastet.

Warum übt die Mutter ganze Nachschriften, wenn ihr Kind noch nicht einmal die Buchstaben sicher kann?

Alenas Mutter meint es im Grunde nur gut. Denn sie möchte, dass ihre Tochter in der Schule mitkommt, dass sie den Anschluss an die Klasse nicht verliert. Darum übt sie den aktuellen Stoff, obwohl sie eigentlich weiß, dass die Lücken viel tiefer liegen. Sie tröstet sich auch damit, „dass die Buchstaben ganz nebenbei kommen, wenn Alena die Wörter lernt". Die Sichtweise der Mutter ist verständlich, gerade wenn man bedenkt, dass schon in der ersten Klasse die Zeit oft knapp wird. Alena sitzt schon an den Hausaufgaben mehr als eine Stunde lang. Noch eine Stunde üben – dann ist die Konzentration dahin. Und außerdem möchte die Tochter dann endlich raus zum Spielen, denn Schule ist nicht alles. Trotzdem ist Alena mit diesen zeitraubenden Übungen nicht geholfen. Denn die Anforderungen sind viel zu hoch, als dass sie davon profitieren könnte. Darum bleiben auch die Fehler-Korrekturen nicht hängen: Alena schreibt rein mechanisch, ohne zu begreifen, warum dieser oder jener Buchstabe genau an diesen Platz gehört. Deshalb ist es so wichtig, die richtigen Übungen zu kennen. Damit Sie sich und Ihrem Kind Zeit, Mühe und Kummer ersparen. Grundsätzlich gilt: Schreiten Sie bitte nicht erst dann ein, wenn's brennt. Begleiten Sie Ihr Kind von Anfang an beim Lesen- und Schreibenlernen. Unterstützen Sie Ihr Kind schon dann, wenn Probleme am Entstehen sind – und nicht erst dann, wenn das Versagen schwarz auf weiß, bzw. rot auf weiß offenbar wird. Halten Sie engen Kontakt zur Lehrerin und nehmen Sie ihre Anregungen ernst. Gehen Sie aber auch kritisch mit Vertröstungen wie „*Der Knoten platzt noch*" oder „*Bei fleißigem Üben holt sie schon noch auf*" um. Es ist in

Ordnung, wenn Sie mit Ihrem Kind zu Hause üben (tatsächlich gibt es immer wieder Kinder, bei denen nach anfänglichen Startschwierigkeiten der Knoten noch platzt). Aber scheuen Sie sich nicht, nach einer Phase *sinnvollen* Übens Bilanz zu ziehen, um Ihr Kind nicht zu *überfordern*.

Übungen für zu Hause

Auch beim Üben ist die Qualität wichtiger als die Quantität. Täglich 10 Minuten sinnvolles und spielerisches Üben ist wesentlich wertvoller als stundenlanges Pauken unter Druck. Darum haben wir Ihnen hier einige bewährte Übungen zusammengestellt:

Wir merken uns die Buchstaben

Das Einprägen und Üben der Buchstaben kann sehr viel Spaß machen, wenn man sich etwas dazu einfallen lässt. Orientieren Sie sich bitte unbedingt an den Buchstaben, die in der Schule gerade behandelt werden oder schon dran waren, und

- schreiben Sie diese mit Lieblingsfarben auf ein Plakat
- malen Sie sie mit Straßenkreide auf den Gehweg
- füllen Sie ein Tablett mit Sand auf, und fahren Sie die Form des Buchstabens mit dem Finger ab
- „malen" Sie sich Buchstaben gegenseitig auf den Rücken und lassen Sie raten, was es sein soll
- laufen Sie die Form des Buchstabens mit kleinen Schritten auf dem Rasen
- schneiden Sie Buchstaben aus Sandpapier aus, und fahren Sie sie mit geschlossenen Augen ab
- legen Sie die Gestalt des Buchstabens mit einem Wollfaden oder noch besser mit einem langen Seil
- schreiben Sie Buchstaben im Dunkeln mit der Taschenlampe an die Wand
- erfinden Sie zusammen eine geheime „Zeichensprache", in der Sie Buchstaben mit Handzeichen darstellen
- entwerfen Sie zusammen ein Buchstaben-Kartenspiel. Auf jeder Karte soll ein Buchstabe sein, den Ihr Kind schön gestaltet hat. Nun wird eine Karte gezogen, und man sucht möglichst viele Wörter, die mit diesem Buchstaben beginnen.

Fast alle Übungen lassen sich auch als Ratespiel durchführen, sodass der Lerncharakter in den Hintergrund tritt. So können Sie auch eine ganze Gruppe von Kindern mit viel Spaß beschäftigen. Wenn Sie mit Ihrem Kind die Vorschulspiele durchgeführt haben, die wir Ihnen in diesem Buch bereits vorgestellt haben, können Sie sehr gut an diese Übungen anknüpfen und im nächsten Schritt die Spiele, die Ihrem Kind besonders gut gefallen haben, nun mit *Lauten und Buchstaben* spielen.

Wir merken uns die ersten Wörter

Schon bald schreiben die Kinder in der Schule die ersten Wörter. Auch hier können wir sie spielerisch begleiten. Führen Sie die Spiele, die Sie schon zum Einüben der Buchstaben kennen lernten, nun mit einfachen Wörtern durch. Also schreiben Sie die Wörter gemeinsam sehr groß, mit unterschiedlichen „Schreibwerkzeugen". Und wenn ein Wort einmal nicht als Ganzes auf das Sandtablett, auf den Rücken oder auf die Zimmerwand (mit Taschenlampe) passt, setzen wir eben zwischen den einzelnen Buchstaben ab und schreiben sie „übereinander". Darüber hinaus gibt es noch weitere gute Übungen:

- Im ersten Schuljahr wird in der Schule überwiegend lautgetreues Wortmaterial verwendet. Das heißt: Bei diesen Wörtern kann man alles, was zu schreiben ist, auch hören, jeder Laut entspricht einem Buchstaben. Üben Sie mit Ihrem Kind eine deutliche „Pilotsprache" ein, damit die genaue Aussprache das Schreiben lenken kann.
- Lassen Sie Ihr Kind die Lernwörter aus dem Grundwortschatz stempeln. Hierzu kann man aus Kartoffeln selbst Buchstaben fertigen oder Plastikstempel im Spielwarengeschäft kaufen. Auch Russisch Brot oder Buchstabensuppe ist hierfür hervorragend geeignet.
- Zählen Sie zusammen die Buchstaben verschiedener Wörter. Welches ist das längste Wort, welches das kürzeste, welche Wörter haben gleich viele Buchstaben?
- Schreiben Sie die Wörter aufbauend:

M
MA
MAM
MAMA

- Klatschen und zählen Sie die Silben im Wort. Die Pausen zwischen den Silben sollten etwa eine Sekunde lang sein. Achten Sie auch hier unbedingt auf eine gute „Pilotsprache". Lassen Sie Ihr Kind zu jeder Silbe einen Schritt machen.

- Sammeln Sie Wörter, die sich nur in einem Buchstaben unterscheiden (Oma-Opa, Mama-Mami etc.).

- Suchen Sie Reimwörter zu den Wörtern, die Ihr Kind gerade schreiben lernt. Wenn Ihr Kind das Reimwort noch nicht schreiben kann, besprechen Sie, an welchem Laut das liegt.

- Erfinden Sie kleine Rätsel, die Sie auch aufmalen können – zum Beispiel: Tier mit langen Ohren, macht I-A: __ __ __ __

- Basteln Sie sich ein Wörter-Memory: Schreiben Sie die einzelnen Silben der Wörter auf je eine Karte. Dann verdeckt auflegen und gut mischen. Jetzt deckt jeder Mitspieler jeweils zwei Karten auf und liest das Ergebnis vor (auch wenn die beiden Silben nicht zusammenpassen, denn dann wird's besonders lustig). Passende Paare werden natürlich eingesteckt.

- Grundsätzlich ist das Anlegen einer Wörterkartei zu empfehlen. Am besten verwenden Sie dazu die im Schreibwarenhandel angebotenen Karteikästen mit mehreren Fächern: Hier liegen auch genaue Anweisungen bei, wann ein Kärtchen ins nächste Fach wandern darf. Lassen Sie Ihr Kind die Einträge mit eigenen Ideen gestalten, sodass es gern auf die Karten zurückgreift.

- Gerade Kinder, die sich mit dem Lesenlernen schwer tun, scheuen das laute Vorlesen. Gestalten Sie darum Leseübungen möglichst abwechslungsreich: Lesen Sie abwechselnd jeder ein Wort, jeder eine Silbe. Lesen Sie den Text zusammen, wobei Sie ganz leise beginnen und von Wort zu Wort die Lautstärke steigern. Lesen Sie wortweise abwechselnd laut/leise, mit hoher/tiefer Stimme usw. . Verzichten Sie auch immer wieder einmal auf lautes Vorlesen: Lassen Sie Ihr Kind einen Abschnitt allein lesen und den Inhalt erzählen.

Übungen für das zweite Schuljahr und später

Schon im zweiten Schuljahr steigen die Anforderungen im Schriftsprachunterricht der Schule enorm. Auch hier können Sie Ihr Kind mit sinnvollen Übungen bei der Stange halten. Grundsätzlich sind alle bisher vorgestellten Spiele und Übungen auch für ältere Kinder geeignet. Verwenden Sie nun einfach die neuen Lernwörter, die Ihr Kind mit nach Hause bringt. Auch hier ist es von großer Bedeutung, dass Ihr Kind sich die Wörter deutlich vorsprechen kann oder auch die einzelnen Silben erkennt. Darüber hinaus sind folgende Übungen empfehlenswert:

- **Üben Sie die Namenwörter** (= Hauptwörter, Substantive), indem Sie sie mit Begleiter (der, die, das) aufschreiben. Setzen Sie diese Wörter in die Mehrzahl. Finden Sie ein passendes Tunwort (Zeitwort, Verb) dazu. Solche Übungen können Sie auch mündlich durchführen. Sie fördern damit den sprachlichen Ausdruck. So darf man beispielsweise abwechselnd dem anderen ein Namenwort vorgeben, und dieser muss ein passendes Tunwort oder Wiewort finden. Dabei darf Ihr Kind Ihnen ruhig „gemeine" Wörter (wie „Türklinke" oder „Papiertaschentuch") vorgeben.
- **Zerlegen Sie Wörter in Silben.** Schreiben Sie die Silben einzeln auf, und versuchen Sie nun zusammen, neue Wörter zu bilden. Auch dazu können Sie sich ein Memory basteln.
- **Besprechen Sie „Wortfamilien".** Und versuchen Sie, den „Wortstamm" herauszufinden und möglichst viele neue Wörter daraus zu bilden (So haben beispielsweise „baden", „Schwimmbad", „Badehose" alle den Wortstamm „bad" gemeinsam. Weitere Wörter aus dieser Wortfamilie wären etwa „Bademeister", „gebadet", „Badesee"). Solche Spiele können Sie als Wettkampf einführen: Man sagt abwechselnd ein Wort aus der Wortfamilie – und der, dem das letzte Wort einfällt, ist der Sieger.
- **Nehmen Sie sich einige „Bausteine" vor,** zum Beispiel die Vorsilben „ge-", „ver-", „ent-", oder Nachsilben wie „-lich", „-ung", „-keit". Setzen

Sie nun Wortteile an: „gelaufen", „verlaufen", „entlaufen" etc. Sammeln Sie möglichst viele Wörter mit einer bestimmten Vor- oder Endsilbe. So gewinnt Ihr Kind Einblick in die Struktur unserer Sprache.

- **Nehmen Sie sich ein Tunwort** und setzen Sie alle möglichen Personalpronomen (ich, du, er, sie, es, wir, ihr, sie) davor. Also: ich denke, du denkst, er denkt … . So erklärt sich die Schreibung mancher schwieriger Wörter ganz logisch.

- **Stellen Sie beim Üben die Sätze der Nachschriften um.** Bilden Sie mit den Lernwörtern neue Wörter. Tauschen Sie die Rollen: Auch Ihr Kind darf diktieren, und Sie schreiben. Wenn Ihr Kind hinterher Ihr Diktat durchsieht, merkt es gar nicht, dass es übt.

Wenn Sie mit Ihrem Kind solche Übungen machen, können Sie sicher sein, „nichts falsch zu machen" und Ihr Kind optimal zu unterstützen. Wichtig: Beginnen Sie mit Ihrem Kind immer da, wo es steht. Es hat keinen Sinn, dem Klassenstoff hinterher zu hetzen, wenn Ihr Kind ganz grundlegende Probleme hat. Besprechen Sie lieber mit der Lehrerin die Schwierigkeiten Ihres Kindes, damit Sie gemeinsam an der Basis arbeiten können.

Wenn Ihr Kind nun aber in einer höheren Klasse Ihre Hilfe braucht, genügt dieses „eher intuitive" häusliche Üben nicht mehr. Dann brauchen Sie strukturiertes Übungsmaterial, nach dem Sie vorgehen können. Ein solches Rechtschreibtraining, das speziell für die Anwendung im Elternhaus entwickelt wurde, wollen wir Ihnen im Folgenden vorstellen.

Das Marburger Rechtschreibtraining: Konsequentes Üben zu Hause

Dieses Trainingsprogramm für häusliches Üben wurde an der Universität Marburg entwickelt und ist für Kinder ab Ende der zweiten bis etwa zur sechsten Klasse geeignet. Geübt wird zwei bis drei Mal wöchentlich für etwa 20 Minuten mit dem Ziel, dass die Kinder speziell mit Rechtschreibregeln vertraut werden und diese beim Schreiben allmählich automatisch anwenden. Die Eltern erhalten eine Übungsmappe, die unter anderem Folgendes enthält:

● Erkennen des Wortstammes
● Unterscheiden zwischen kurz und lang gesprochenen Selbstlauten
● Regeln zur Groß- und Kleinschreibung, zum stummen „h", zur Dehnung, Dopplung und Ableitung

Die Regeln werden den Kindern über buntes Bildmaterial nahe gebracht, anschließend wird mit vielen Beispielen geübt, wobei die Kinder immer wieder entscheiden müssen, welche Regel anzuwenden ist – wie also das Wort geschrieben wird. Auf bunten Grafiken wird der Leistungsstand des Kindes eingezeichnet, sodass das Kind immer wieder feststellen kann, wie sich seine Leistungskurve nach oben bewegt.

Das gesamte Programm erstreckt sich über zwei Jahre. Wichtig ist, dass Eltern und Kinder konsequent durchhalten, um stabile Erfolge erzielen zu können. Überdies zeigte sich in der wissenschaftlichen Überprüfung der Wirksamkeit dieses Programms, dass die Eltern auch auf Betreuung von außen (so genannte Supervision) angewiesen sind, um „Trainingskrisen" zu überstehen oder um Tipps zu erhalten, wie sie das Training für ihr Kind möglichst interessant und motivierend gestalten können.

Das Marburger Elterntraining (Autoren: Dr. Schulte-Körne und Mitarbeiter) ist voraussichtlich ab Ende 2000 im Buchhandel erhältlich. Die nötige Betreuung wird von Legasthenie-Therapeuten in Beratungsstellen oder freien Praxen angeboten.

Im Folgenden sollen noch drei Förderprogramme vorgestellt werden, die speziell als Handreichung für pädagogische Fachkräfte entwickelt wurden. Diese Programme finden mittlerweile in einer Vielzahl entsprechender Einrichtungen (Beratungsstellen, Förderstellen, Fördergruppen in der Schule etc.) Anwendung und haben sich in langen Jahren praktisch bewährt.

Der Kieler
Lese- und Rechtschreibaufbau

Dieses Förderkonzept wurde in den 80er Jahren von Dummer-Smoch und Hackethal entwickelt und fußt auf dem Grundgedanken, dass dem Rechtschreibversagen in der späteren Grundschulzeit in der Regel ein (häufig unentdecktes) Leseversagen bereits in den ersten beiden Schuljahren vorangeht. Dieses Leseversagen wird häufig nicht erkannt, weil die betroffenen Kinder sich durch Auswendiglernen ganzer Fibelseiten behelfen, um nicht aufzufallen. Entsprechend diesem Grundgedanken beginnt die Förderung mit dem Leseaufbau. Erst nach einiger Zeit setzt dann ein Rechtschreibtraining ein.

Der Leseaufbau hat 14 Stufen – entsprechend der Schwierigkeit der behandelten Buchstaben-Laut-Verbindungen. So wird zu Beginn mit Selbstlauten und dehnbaren Mitlauten (z.B.: m, l, ch, w) gearbeitet. Erst später kommen schwierigere Einheiten (etwa b, j, ß, qu, y) dran. Für jeden Buchstaben werden als visuo-motorische Hilfen Lautgebärden eingeübt („Geheimzeichen", die mit den Händen gebildet werden und in ihrer Formung an die Buchstaben erinnern – beispielsweise zwei Finger an der Nasenseite für ein „n", oder einen Kreis um den Mund fahren für ein „o"). Beim Lesen wird auch die Silben-Gliederung geschult. Für jede Stufe gibt es Wörterkarteien, Spielkarten und Übungstexte, sodass der Ablauf recht abwechslungsreich gestaltet werden kann. Damit kann allein, mit Partner oder in der Kleingruppe gearbeitet werden.

Nach einer längeren Phase der Leseübungen kommt das Rechtschreibtraining hinzu. Hier werden neben lautgetreuer Schreibung auch Rechtschreibregeln behandelt. Über spezielle „Diagnostische Bilderlisten" (Vorlage von Bildern – zum Beispiel „Hose", „Raupe", „Wiege" – zu denen die Kinder die Begriffe schreiben sollen) können Lernfortschritte abgefragt werden.

Der Wert dieses Konzeptes wird vor allem von den Erfolgen bestimmt, die immer wieder aus der Praxis berichtet werden. Eine strenge wissenschaftliche Überprüfung der Effekte fand unseres Wissens nicht statt. Vielmehr verfahren die Therapeuten nach dem Grundsatz *„Wer heilt, hat Recht"* und können damit tatsächlich vielen Kindern eine wertvolle Hilfe anbieten.

Die lautgetreue Rechtschreibförderung

Hier ist vor allem das Programm von Reuter-Liehr seit Anfang der 90er Jahre verbreitet. Den Ausgangspunkt für die Entwicklung dieses Trainings bildete die Erkenntnis, dass Schüler mit Rechtschreibproblemen häufig Schwierigkeiten mit der rhythmischen Durchgliederung von Wörtern, also dem Zerlegen im Silbentakt, haben. Diese Rhythmus-Schwierigkeiten zeigen sich auch in den allgemeinen Bewegungsabläufen der Kinder. So laufen hier keine synchronen Sprech- Schreibbewegungen ab – mit der Folge, dass Buchstaben ausgelassen werden, wenn das Kind beim Schreibakt schneller mitspricht, als es schreiben kann.

Entsprechend entwickelte Frau Reuter-Liehr ein Rechtschreibtraining, in dem das „Silbenschreiten" und das synchrone Mitsprechen beim Schreiben zentralen Raum einnehmen. Beim Silbenschreiten macht das Kind zu jeder Silbe einen Schritt und führt dabei eine halbkreisförmige Armbewegung durch. So soll dem Kind das Silbengliedern „in Fleisch und Blut übergehen", damit es das auch beim Schreiben automatisch als Hilfe verwenden kann. Nach dem Schreiben korrigieren die Kinder mit Silbenbögen, ob alle Silben vollständig sind.

Das verwendete Wortmaterial ist lautgetreu, die Kinder üben, durch genaue Artikulation eine so genannte „Pilotsprache" zu entwickeln, die sie durch die Wörter „lotst", ohne dass einzelne Bestandteile ausgelassen werden. Das Wortmaterial wird in verschiedenen aufeinander aufbauenden Stufen dargeboten. Die Übungen beginnen mit dehnbaren Mitlauten und gehen allmählich über zu schwieriger wahrnehmbaren kurzen Lauten.

Zu Beginn der Förderung kann eine genaue Fehleranalyse durchgeführt werden, um Förderschwerpunkte zu erkennen. Dieser Test kann auch im Verlauf der Förderung zur Kontrolle der Lernfortschritte angewendet werden.

Das Programm zur lautgetreuen Rechtschreibförderung nach Reuter-Liehr wurde in mehreren wissenschaftlichen Untersuchungen hinsichtlich seiner Wirksamkeit überprüft.

Die Lese-Rechtschreib-Förderung nach Kossow

Kossow vermutet ebenfalls eine sprachliche Gliederungs- und Differenzierungsschwäche als hauptsächliche Ursache der Lese-Rechtschreib-Schwäche. Entsprechend nehmen Übungen zum Erkennen und sorgfältigen Artikulieren von Lauten, zum Unterscheiden von klangähnlichen Lauten und zur Silbengliederung breiten Raum ein.

Eine Besonderheit dieses Förderkonzeptes bilden Regelkärtchen, so genannte Algorithmen. Auf diesen Karten ist bildlich dargestellt, wie die Kinder bei der Schreibung eines Wortes vorzugehen haben (etwa: genau zuhören, das vorgesprochene Wort in Silben zerlegen, sodann die Vokale innerhalb der Silben bestimmen, die restlichen Laute bestimmen, schließlich Bestimmen der Wortart etc.). Die Kinder, die diesen Handlungsvorschriften bei allen Übungen konsequent folgen, sollen allmählich die Schritte des Vorgehens beim Schreiben verinnerlichen, um sodann notwendige Analysen und Entscheidungen allmählich automatisch durchzuführen. Das Kossow'sche Förderkonzept beinhaltet außerdem ein eigenständiges Training zur Förderung der visuellen Wahrnehmung. Hierin liegt auch ein wesentlicher Unterschied zu den anderen vorgestellten Programmen, die sich im Wesentlichen auf die auditive Wahrnehmung und Wahrnehmungsverarbeitung konzentrieren.

Dieses theoretisch gut fundierte und wissenschaftlich sorgfältig überprüfte Trainingsprogramm zur Bekämpfung der Lese-Rechtschreib-Schwäche findet nach wie vor breite Anwendung.

Wie hilfreich sind solche Förderprogramme?

Grundsätzlich ist es zu begrüßen, dass Förderlehrer bei der Unterstützung der Kinder nicht auf eigene Intuition und gute Einfälle angewiesen sind, sondern auf Förderprogramme zurückgreifen können, die sich in der Praxis lange bewährt haben, bzw. deren Wirksamkeit wissenschaftlich belegt werden konnte. Insofern können Eltern beruhigt sein, wenn mit ihrem Kind nicht bloß „stures Üben ohne Plan" durchgeführt wird.

Auf der anderen Seite leuchtet es aber auch ein, dass bei Verwendung eines bestimmten Programms sicherlich nicht immer auf die individuellen Schwierigkeiten und Bedürfnisse jedes einzelnen Kindes eingegangen werden kann. So wie im alltäglichen Leben unserer Kinder nichts nach Programm abläuft, lässt sich auch die Förderung des Lesens und Schreibens – wenn erst einmal Schwierigkeiten da sind – nicht in ein Programm pressen.

So bleibt es nicht aus, dass in solchen Programmen Lesen und Schreiben oft zu sehr „über einen Kamm geschoren" werden, obwohl wir wissen, dass hier ganz unterschiedliche Prozesse der Informationsverarbeitung ablaufen.

Entsprechend wird dann viel zu wenig auf die individuellen Ursachen eingegangen, die beim einzelnen Kind dazu führten, dass es das Lesen und Schreiben „bei normaler Beschulung" nicht ausreichend lernen konnte. Unsere Kinder entwickeln beispielsweise bei Schwächen so genannte „Kompensationsstrategien". So lesen schwache Leser nur einen Teil der Wörter eines Satzes und erraten dann den Rest. Auf solche individuellen Strategien wird aber kaum eingegangen.

So liegt es nahe, die vorliegenden Förderprogramme einfach als „Werkzeuge" zu sehen. Und bekanntlich liegt der große Wert eines Werkzeuges nicht in diesem selbst, sondern in der Person, die es gezielt, geschickt und mit viel Sachkenntnis zu verwenden vermag. Erst wenn die Person, die mit unseren Kindern fördernd arbeitet, über detailliertes (und motivierendes) Wissen zu diesem Problembereich verfügt, wenn sie jedes zu fördernde Kind als Individuum und somit auch als individuelle Anforderung an ihr eigenes Arbeiten sieht, wenn sie bereit ist, für jedes Kind – seinen Schwächen und Stärken (!) entsprechend – den geeigneten Förderansatz auszuwählen und immer wieder zu überprüfen, ob sie zusammen noch auf dem richtigen Weg sind, dann kann sie unserem Kind wirklich helfen. Dies ist unser Wunsch für Kinder, Eltern und Förderer.

Kapitel 8: Das Wichtigste in Kürze

- Es gibt eine ganze Reihe sinnvoller Übungen, mit denen Sie Ihr Kind beim Lesen- und Schreibenlernen begleiten können. Viele der Übungen, die wir Ihnen vorgestellt haben, können Sie „ganz nebenbei" und spielerisch mit Ihrem Kind durchführen.

- Für Kinder mit ernsten Problemen beim Lesen- und Schreibenlernen gibt es mittlerweile etliche Förderprogramme, die in Fördergruppen an der Schule, in Beratungsstellen oder sonstigen Einrichtungen in Kleingruppen durchgeführt werden können. Wir haben drei solcher Programme vorgestellt, die sehr häufig eingesetzt werden und in der Praxis gute Erfolge verbuchen können.

- Der Erfolg, der mit einem solchen Förderprogramm erzielt werden kann, steht und fällt mit der Sachkenntnis der Person, die es anwendet, mit deren Motivation und Bereitschaft, auf jedes Kind mit seinen individuellen Schwierigkeiten und den individuellen Ursachen für seine Schwierigkeiten einzugehen. Ein stures „Durchziehen" eines Programmes führt kaum zum Erfolg, vielmehr die gezielte Auswahl aus einer Fülle vorhandener Materialien.

OBERSTEBRINK
ELTERN-BIBLIOTHEK

Die richtigen Eltern-Ratgeber für die wichtigen Jahre

ISBN 3-934333-09-5

ISBN 3-934333-11-7

ISBN 3-934333-07-9

ISBN 3-9804493-9-4

ISBN 3-934333-15-X

ISBN 3-934333-01-X

ISBN 3-934333-05-2

ISBN 3-934333-13-3

ISBN 3-934333-08-7

ISBN 3-934333-14-1

ISBN 3-934333-12-5

ISBN 3-9804493-2-7

ISBN 3-9804493-6-X

ISBN 3-934333-06-0

ISBN 3-934333-16-8

ISBN 3-934333-19-2

OBERSTEBRINK

0-3 Jahre

Babys erste Schritte in die Welt

Classic-CDs für Babys

ISBN 3-938409-00-2   ISBN 3-938409-01-0   ISBN 3-938409-02-9   ISBN 3-938409-03-7

DVD-Bilderbücher

ISBN 3-938409-04-5   ISBN 3-938409-05-3   ISBN 3-938409-06-1

Entdecker-Karten

ISBN 3-938409-09-6   ISBN 3-938409-07-X   ISBN 3-938409-08-8

Nichts ist so groß wie die Neugier der Kleinsten. Baby Einstein™-Produkte stillen Babys angeborene Neugier. Sie zeigen die Welt aus seiner Perspektive und sind speziell auf seine Bedürfnisse und Fähigkeiten abgestimmt.

The WALT DISNEY Company ©